缠中说禅操盘术

（第二版）

赵 信◎著

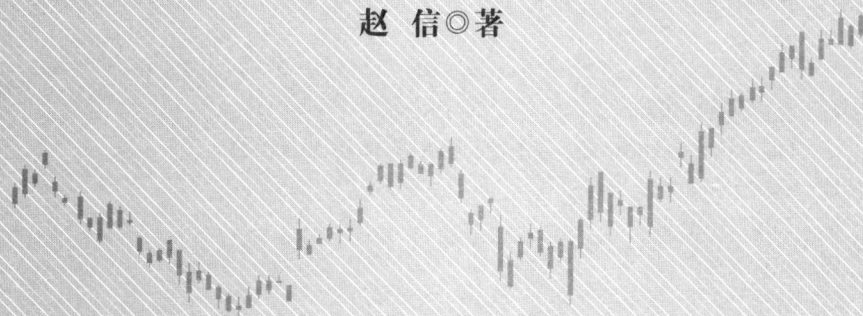

经济管理出版社

ECONOMY & MANAGEMENT PUBLISHING HOUSE

图书在版编目（CIP）数据

缠中说禅操盘术/赵信著. —2 版. —北京：经济管理出版社，2022.2
ISBN 978-7-5096-8317-0

Ⅰ.①缠… Ⅱ.①赵… Ⅲ.①股票投资—基本知识 Ⅳ.①F830.91

中国版本图书馆 CIP 数据核字（2022）第 035030 号

组稿编辑：勇　生
责任编辑：梁植睿
责任印制：黄章平
责任校对：陈　颖

出版发行：经济管理出版社
　　　　　（北京市海淀区北蜂窝 8 号中雅大厦 A 座 11 层　100038）
网　　址：www. E-mp. com. cn
电　　话：(010) 51915602
印　　刷：北京晨旭印刷厂
经　　销：新华书店
开　　本：720mm×1000mm/16
印　　张：15.5
字　　数：195 千字
版　　次：2022 年 6 月第 2 版　2022 年 6 月第 1 次印刷
书　　号：ISBN 978-7-5096-8317-0
定　　价：58.00 元

前 言

中国最传奇的操盘手——缠中说禅

缠中说禅是 1999 年亿安科技的首席操盘手，是能让股价站上 126 元的天才！亿安科技曾经是 A 股市场名噪一时的庄股，该股票曾经从 1998 年 8 月的 5.6 元左右，最高上涨到 126.31 元，涨幅高达 21.6 倍，在当时引起巨大的轰动。亿安科技成为中国首只股价突破百元的股票，也是首只跌幅达到百元的股票。

缠中说禅在亿安科技的起涨点，首创了一种洗盘方式——"跌停板洗盘"，当时景象惨烈，看盘的人几乎无一幸免。第三个跌停没封死，给一帮前面没出得了的人得到了出掉的机会。这只股票创造了中国证券市场至今无人能破的纪录。

他的博客是"缠中说禅"，自命为"全球第一博客"。"缠论"是关于证券市场的一种投资理论，从当前来看，这个理论好像适合一切有着波动走势的证券市场，比如股票、权证以及期货等。从 2006 年初开始，缠中说禅在其博客陆续发布"《教你炒股票》108 讲"课程，创建、发布了一个全新的市场分析和操作体系，他将其称为"市场哲学的数学原理"。这个原理是以数学分析为基础的股市套利技术，根本特点是对股市的运行加以全面的描述和完全的分类。当前，大多数学习者将

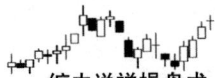

这套体系称为"缠中说禅"。

缠中说禅精读波浪理论和混沌分析方法，并在这个基础上形成了属于自己的股票操作理论，可以说他的炒股技术分析方法是当今最强的。为了使该理论具备完备性、可数学证明性，缠中说禅以1分钟图作为最低级别，在这个级别上定义分型、线段、中枢、走势类型以及趋势等。应该说他总结出了最具有指导意义的方法——从简单到复杂再到简单。

缠中说禅开始从事证券交易的时间大概与中国股市的建立时间相同。不过他肯定不会从一开始就是一个股市中的高手，也必然有一个与其他交易者一样的，从普通交易者开始的摸索过程。只不过以缠中说禅的作为与聪明，这个摸索过程肯定不同于普通交易者的摸索过程。

一般逻辑是，一个买卖者的利润最大化一定要在底部买入、顶部卖出。那么，底部和顶部的辨认就是面临的第一个问题。因此，顶分型和底分型应该是缠中说禅看到的第一个自同构性结构——也是第一个市场的关节、结构。缠论对于分型的重要性是这样说的："人总爱贪多，请问，分型这个最简单的分类导致的操作，你掌握了吗？如果连这都没熟练掌握，你再学其他的东西又有什么意义？"

两个分型的连接就是笔，笔的连接产生线段，线段的重叠产生中枢，中枢的连接产生走势类型等，"道生一、一生二、二生三、三生万物"，产生出"缠中说禅"一系列关于市场的同构性结构。这些同构性结构以及之间的关系，形成"缠中说禅"一系列定理……

缠中说禅为大家指出了一条股票操作路线：分型→笔→线段→中枢→各级别中枢→各级别走势类型乃至以后的趋势→背驰→区间套→转折及其力度等。细细地去体会，这条操作路线也是他当年开宗立派的修行路线。

缠中说禅的理论，是一个完整的数学公理化理论。"走势终完美"，

揭示了市场走势的整体规律。缠论解盘犹如庖丁解牛，不管大盘还是个股都能像掌纹一样，清楚可鉴。

操作是由规则要求发出的，严格地执行程序，或者说依据交易信息与交易规则执行交易。如同驾驶，5分钟可以告诉你如何驾驶，并且在可视的大道上，你要多久能掌握这项驾驶技能；而你操作股票的前方没有大道，甚至连方向也看不清，是摸索前进的，这个摸索就是交易。

关于操作思想，缠论讲得再透彻不过了，学了，慢慢吸收，升华为自觉的意识。

关于操作技术，五花八门，掌握其一，够用即可。当然，缠论的线段、中枢、走势和级别应该是最精致的操作规程。

技术分析是按照技术规范对过去与未来可能出现的走势的认定，事先对未来可能出现的走势有个预判。

最终，股票操作等价于在线段、中枢、走势、级别规范下的买卖。缠论从头到尾都是基础型的分析技术，对于刚踏入这个市场的交易者或是对技术一知半解的交易者来说，是一门不可多得的基础知识。

为了方便初学者入门，简单介绍一下缠论的特点：

第一，缠论的特色思维和独特观点。

缠论的思维非常另类，也很有特色，主要集中在三个方面：数学思维；当下思维；逻辑思维和超逻辑思维。

缠论对于股市的观点也是非常独特的，主要有以下八个方面：

（1）市场输赢与资金多少无关，都是明白人赚糊涂人的钱。

（2）市场不是赌场，赌徒心理要不得。

（3）投资者是零向量。

（4）现在是经济社会，会赚钱的人是能人。

（5）股价的走势说明一切，其他都是忽悠。

（6）一切市场都是投机。

（7）股票都是废纸，只是"抽血"的凭证。

（8）要成为一个"赚钱机器"，就得像足球运动员一样成为一个"射门机器"。

第二，缠论操作的优越性。

缠论是投资者修炼成股市"猎鲸者"的不二法门，适合各类投资者的操作，无论资金大小、长线短线。缠论套利技术的最大优点是能够最大限度、充分地利用市场机会。在现在市场条件下，对1分钟级别（及其以上）的市场波动，都能够做出差价，产生利润。

第三，缠论的操作理论与其他股市分析方法的关系。

尽管缠论有一套全新的体系，然而并不荒废任何其他的东西。正如创始人自己所说的："那些东西都只能是辅助，甚至你可以去听消息、去追炒概念股，怎么都可以，但千万不能违反缠论。为什么？因为缠论是这个市场真实的直接反映。违反缠论，最终都会被市场教训。"

缠论的确是投资的大法，这一点毋庸置疑。将其比喻为金庸小说中的"一阳指""九阴真经""少林七十二绝技"等一点都不为过。

为此，本书特别解读缠论操盘的秘技，共有十一章，分别介绍"缠中说禅"的操盘理念、分型法则、笔法则、线段法则、中枢法则、级别法则、背驰法则、走势判断法则、买卖法则、操盘原则以及操盘策略。

本书原文部分的版权永远属于无私的主力操盘手"缠中说禅"，欢迎更多的人了解缠论，走出缠论，稳定复利。本书只是对过去实例的总结，市场每天都在波动，市场价格永远都在变化。股票操作技术、股票理论都是一种假设，都是一种假说，都有缺陷。炒股难度在于：在仓位法则内如何应用缠论；如何保持对中长线股票的专一、专注度；

如何建立负成本信仰；等等。看完本书后，更重要的是实盘练习。股市有风险，入市须谨慎。一方面，需要提升自控力，控制仓位、控制心态，这需要十几年甚至几十年的熏修。另一方面，需要提升应变经验，机动应变，随着市场价格的变化而变化。本书的作用在于抛砖引玉，不抄袭、不模仿是正道，原创、独创、首创是正道。要在实践应用中积累经验。欢迎读者朋友添加微信号"qian15201402522"或手机号"15201402522"进行交流。

缠中说禅赢钱实例：000008 亿安科技

缠中说禅游走于资本市场的各路人马之中，经典案例不计其数，最著名的一个是 000008 亿安科技。自从缠中说禅开始炒股以来，一直有人怀疑他就是李彪，即当年亿安科技的操盘手。1998 年 10 月到 2000 年 2 月，亿安科技股价从 7.6 元开始上涨到 126.31 元，成为中国证券市场上第一只股价过百元大关的股票。缠中说禅首创了著名的跌停板洗盘法。2007 年 10 月 30 日，缠中说禅公开了"做底吃货"的方法。

"准确地说，如果是吸货，无所谓底部。只要有筹码、有钱、有足够的时间，什么成本拿的货，其实都可以摊下来。特别是那些对走势有足够影响的分力，后面各级别的顶是自己的，底也是自己的，差价都是自己的，还有什么成本不能摊下来？

很多庄家最后都失败，就是因为没有什么成本概念。说实在话，很多甚至可以说大多数的庄家，都还是散户心态，见到市值起来就晕头，却忘记了，股票只是一个凭证，一个"抽血"的凭证，能把血抽到干才是真本事。

大多数不明智的庄家，都希望玩一种"收集派发"的游戏，但这种游戏经常会把自己放到火上去。实际上，最关键是成本的下降。一般来说，如果成本没有到 0，根本没有大力拉抬的必要，其实就是要来回折腾，把筹码成本都洗到零了，才有必要去拉抬。而真正的拉抬，是不需要花钱的。如果拉抬要花钱，证明价格已经高了，资金流入已

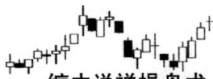

经跟不上，股价早该回头向下走了。

股价早下跌一天和晚下跌一天，就是两重天地，这时炒股需要的是经验、悟性以及感觉。基本的零成本筹码，然后反复拉抬都变成纯负数，最后搞出 N 的 N 次方后，实在不想玩了，满手都是负成本的筹码，再大甩卖，谁要都"死"。当然，甩卖不一定是跳楼的，还可以是跳高的，甚至是批发的，手法多多，只是不同的故事而已。

因此，要玩这个游戏，关键是要有基本的筹码，这筹码当然可以抢回来。例如，以前就说过，曾经和别人抢东西，从 8 元一口气抢到 20 多元，然后有一个大平台，最后再飞起一波，接下来该干什么就干什么了。这是一种方法，但这种方法过于无聊，一般都不这样做。

当然，最直接的就是能在最低的位置把该拿的全拿了，这是最考验人的，这里说一个经典案例。

这个案例中，还没开始，老鼠仓就抢起来了。因此，后面的任务十分艰巨，首先，要抢到足够的东西；其次，成本不能太高，还要把老鼠仓洗出来；最后，时间还不能太长。这怎么看都是一个不可能完成的任务。

首先，在一个大的压力位上顶着，接了所有的解套盘。老鼠仓是不会接解套盘的，别的小玩意就更不会了。然后在那个位置上不断地进行假突破。在强压力位上，一般人不会拼命给你冲关的，而不断的假突破，就让所有技术派的人把筹码都交出来了。但这时候，买到的是最高的成本，除了历史上的高位套牢，所有人的成本都要比这个低。

此时，把账上所有的钱基本都打光了，当然还剩一部分。当时，有一种透支是需要在当天平仓的，用剩下的钱借了该种透支。然后在那天疯狂地买，早上就把所有的钱加透支全买完了，由于前面 N 次的假突破（见图 0-1），在突破后根本没人管，但是需要的就是这种效果。

图 0-1　000008 前面 N 次的假突破

当天下午，需要平仓了。不断进行交涉，看是否可以不平，结果是不可以。很痛苦地开始平仓行动，像瀑布一样，价格降下来了，早上买的，亏了、全砸了进去，于是结束了一天悲惨的交易。价格也砸穿前面一直坚持的平台（见图 0-2），收盘后，有人被套、有人被追债的传闻马上到处流传。

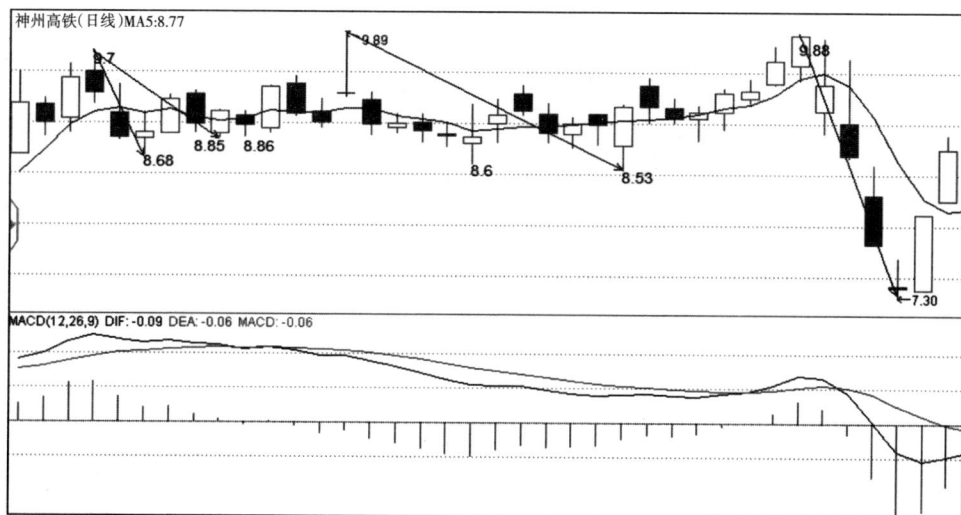

图 0-2　砸穿 000008 前面的平台

第二天，所有的老鼠仓，所有知道消息的老鼠仓都蜂拥而出；然后在第三天，也是这样。

这时候，在 N 个别处的遥远的地方，所有的抛盘都被吸到一个无名的口袋里，所有出逃的人都在庆幸，因为第四天依然大幅度低开（见图 0-3）。

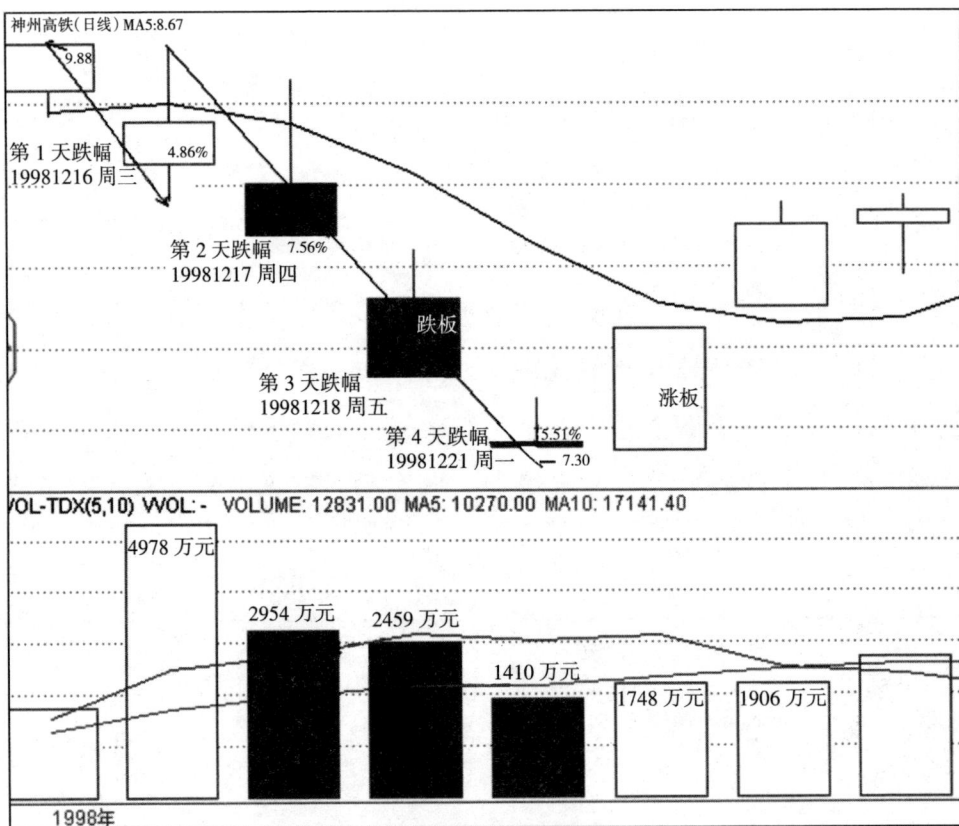

图 0-3　000008 所有的抛盘

注：在运作亿安科技的过程中，缠中说禅应用了著名的跌停板洗盘法。

突然，强力的买盘如同地底喷薄的熔岩，任何挂出的筹码都被一扫而光。任何人都没反应时，他们已经没有任何买入的机会了。第二天依然如此，一开盘，就让人失去买入的机会，而前面来不及逃跑的，却依然抛着。

第三天，快回到原来的平台了，在那里，买盘突然没了，仿佛从来没有任何买盘出现过，所有的人都不知道该怎么办好。如果是 V 型反转，那么上面平台的巨大套牢没人敢去顶破；如果是超跌反弹，那么所有的空间都耗尽。市场经过一段沉寂后，买盘再次涌出，"多杀多"又开始了，没人敢接，但价格却永远也回不到反弹第二天的位置（见图 0-4）。在一个狭窄的空间里，抛掉的人，没空间回补，想买的人，又担心上面不远的巨大套牢区，以及可能的超跌反弹骗线。但价格不跌了，所有的筹码，就都掉入了一个巨大的口袋。

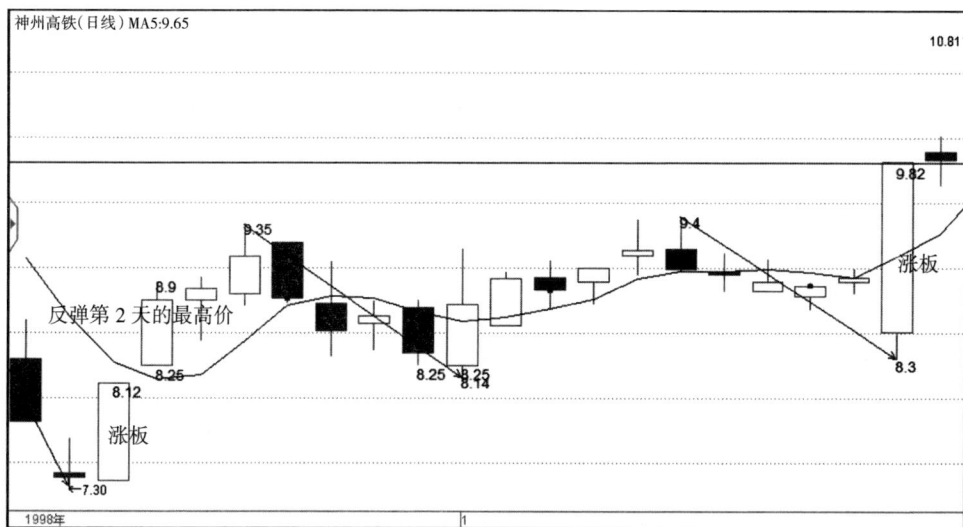

图 0-4　价格回不到反弹第二天的位置

最后，在一个谁都想不到的时刻，价格迅速地脱离上面的套牢区（见图 0-5），所谓技术上的巨大压力区，突破时，连 15 分钟都不到就过去了。

至于老鼠仓的命运，在砍掉价格 N 倍的位置，老鼠仓最后又重新进来，那是另一个故事了。

上述案例源自缠中说禅本人。000008 亿安科技是缠中说禅的"代表作"，曾经的亿安科技现在已经改名为神州高铁，但是代码 000008

神州高铁（日线）MA5:14.62

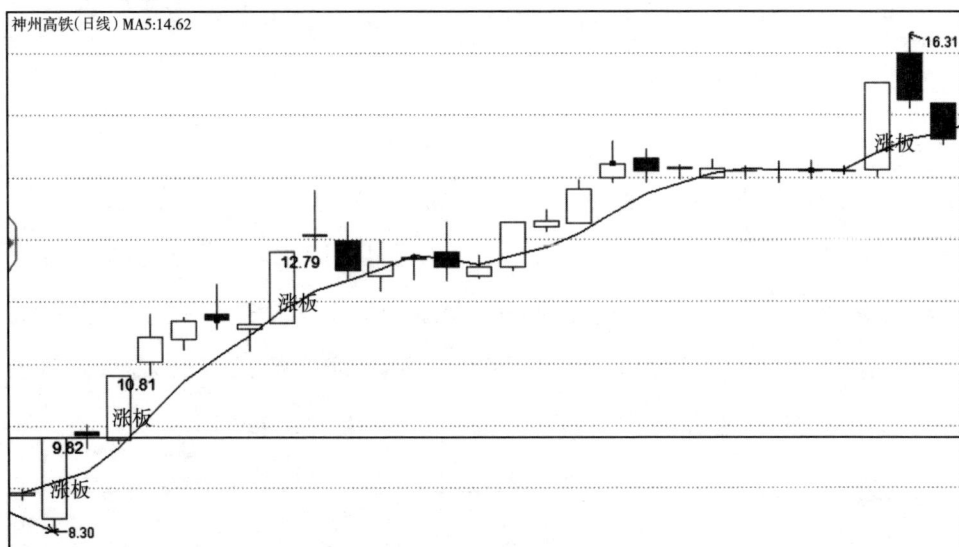

图 0-5　价格迅速地脱离上面的套牢区

从未变过。

"大概是习惯，本 ID 是独行侠，十几年前，其实管的资金在当时也不算太小，100 亿元以上的规模，当然不都是本 ID 的钱，'干坏事'哪有都用自己钱的？都是几个人在一起，把资金统一交过来管理，统一进出，当时，点不少，本 ID 的习惯都是用证券部的人下单，指令只由本 ID 下。当时，可能坐在东北的一个小县城里，就可以在四小时内来回神州大地 N 遍。当然，也有 24 小时内，从哈尔滨飞海口，中途在北京、南京、广州'干点坏事'的经历。哈尔滨有东南亚人开的是五星级还是准五星级宾馆，不知道现在怎样了，具体名字现在都忘了，就记得那楼层特别高，暖气热得让人抓狂，那时候还是 20 世纪 90 年代，应该算当地最好的宾馆之一了，在那里待了不少日子。有哈尔滨的朋友吗？说说，也让本 ID 恢复一下失去的记忆。"

自 1998 年 10 月 5 日开始，大资金在长达两年多的时间内采用集中资金、自买自卖等方式影响和控制亿安科技的股票价格，将一只几元钱的股票炒到 126 元的最高价，庄家的账面盈利一度达到 20 多亿

元。在股市暴跌至最低 20 多元后，广大中小投资者蒙受了巨额经济损失。

在图 0-6 中，主力资金从 1998 年 10 月开始运作 000008，当月最低价 7.6 元，在历史大底 5.5 元上方。也就是主力资金并未在 5.5 元上下开始运作，而是在大底确认开始择机运作。在后期的清洗浮动筹码期间，股价一度回落到 7.3 元，不明真相的群众杀跌杀低抛弃自己的廉价筹码。

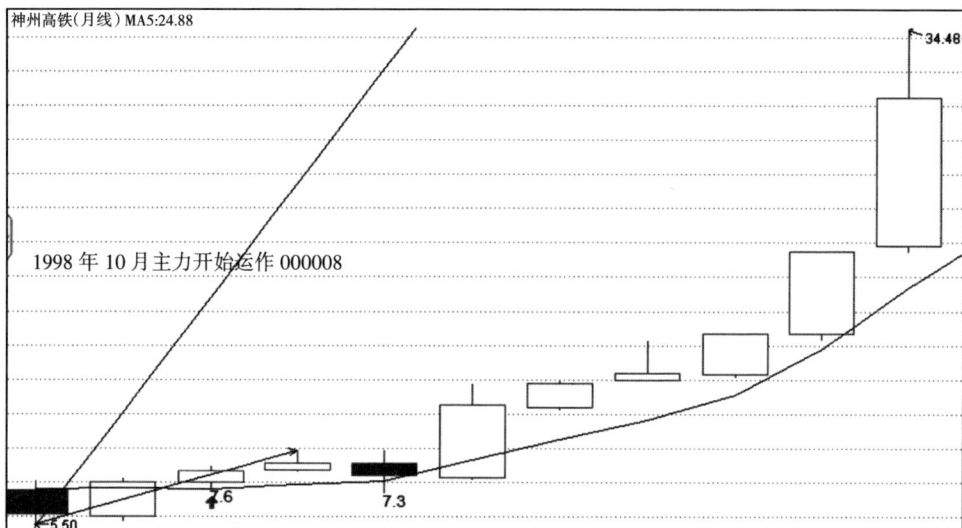

神州高铁(月线) MA5:24.88

34.48

1998 年 10 月主力开始运作 000008

7.6

7.3

5.50

图 0-6　000008 在 1998 年 10 月的 K 线图

在图 0-7 中，000008 在 2000 年 2 月的最高价为 126.31 元。000008 亿安科技是中国证券市场上第一只股价过百元大关的股票。股市是创造神话的场所，想当年中国股市建立初期，不少人相信"一夜暴富"的神话才争先恐后入市的，而"亿安科技"则堪称是这类神话的代表。在 2001 年的行情中，它一路涨个不停，终于在 2002 年 2 月 15 日创下了一项新的纪录：成为中国第一只百元股票。市场人士纷纷开动脑筋来阐述其股价高企的合理性，于是"亿安科技"再接再厉、一鼓作气登上了 126 元的高价。"亿安科技"股票从 1998 年 8 月的 5.6

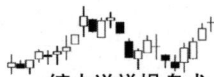

元上下，最高上涨到 2000 年 2 月的 126.31 元（见图 0-8），涨幅高达 21.5 倍，被广大股民誉为"中国股票市场的神话"。

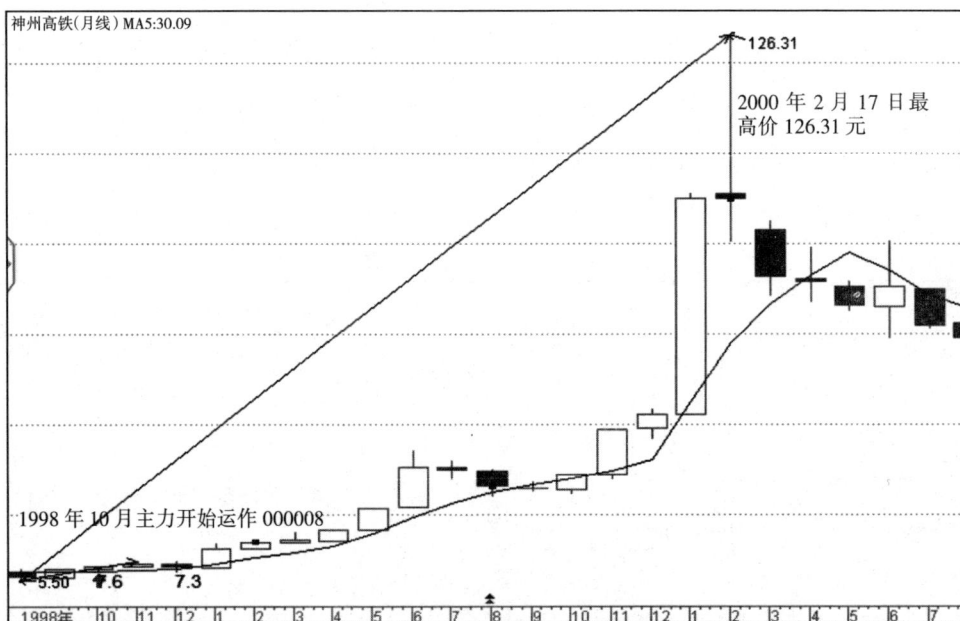

神州高铁(月线) MA5:30.09

126.31

2000 年 2 月 17 日最高价 126.31 元

1998 年 10 月主力开始运作 000008

5.50 6 7.3

1998年 | 10 | 11 | 12 | 1 | 2 | 3 | 4 | 5 | 6 | 7 | 8 | 9 | 10 | 11 | 12 | 1 | 2 | 3 | 4 | 5 | 6 | 7

图 0-7 000008 在 2000 年 2 月的 K 线图

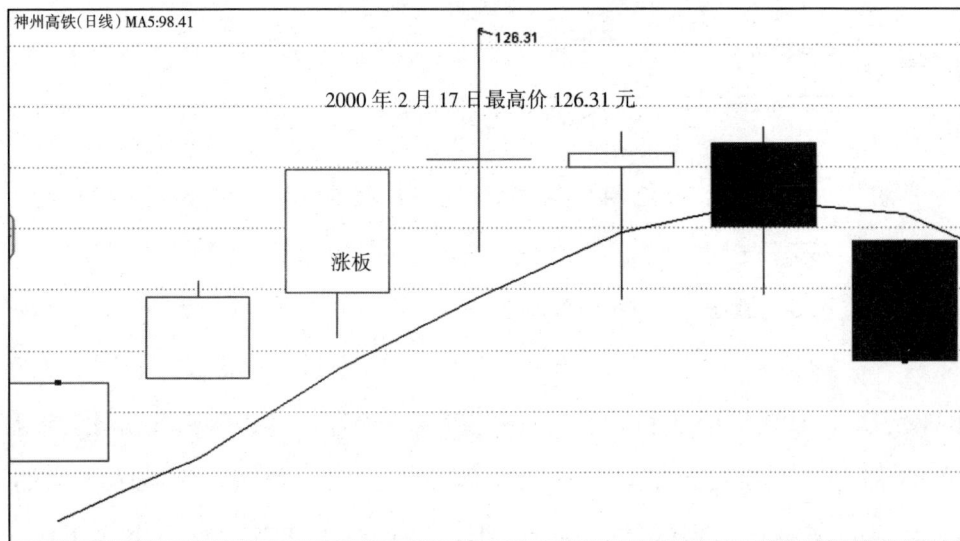

神州高铁(日线) MA5:98.41

126.31

2000 年 2 月 17 日最高价 126.31 元

涨板

图 0-8 000008 在 2000 年 2 月 17 日的 K 线图

注：2000 年 2 月 17 日当天（星期四），庄家打高股价，126.31 元的当日最高价被写进"历史"。

亿安科技的前身是深圳市外贸系统第一家上市公司——深圳锦兴实业股份有限公司，股票简称"深锦兴"。该公司成立于 1989 年 8 月，1992 年 5 月 7 日在深交所上市，以前是一家以禽畜饲料生产、仓储、粮油食品、纺织业务为主的公司，由于种种原因，深锦兴上市后经营每况愈下，1999 年中期每股收益 0.11 元。1999 年 4 月 10 日，深锦兴董事会发布公告，公司第一大股东深圳商贸投资控股公司及第四大股东深圳国际信托投资公司，与广东亿安科技发展控股有限公司签订股权转让合同。亿安科技成立于 1998 年 10 月 13 日，注册资本 1.5 亿元，公司主营通信设备及数码科技产品的开发研究和生产销售，入主"深锦兴"后，名称变更为广东亿安科技发展股份有限公司。1998 年 8 月 18 日，经深交所批准，股票名称也由"深锦兴"更名为"亿安科技"。

时光倒流回到 1999 年。1999 年 11 月 23 日，亿安科技当天股价小幅震荡（见图 0-9）。当天最低价 36.00 元，最高价 37.35 元，庄家

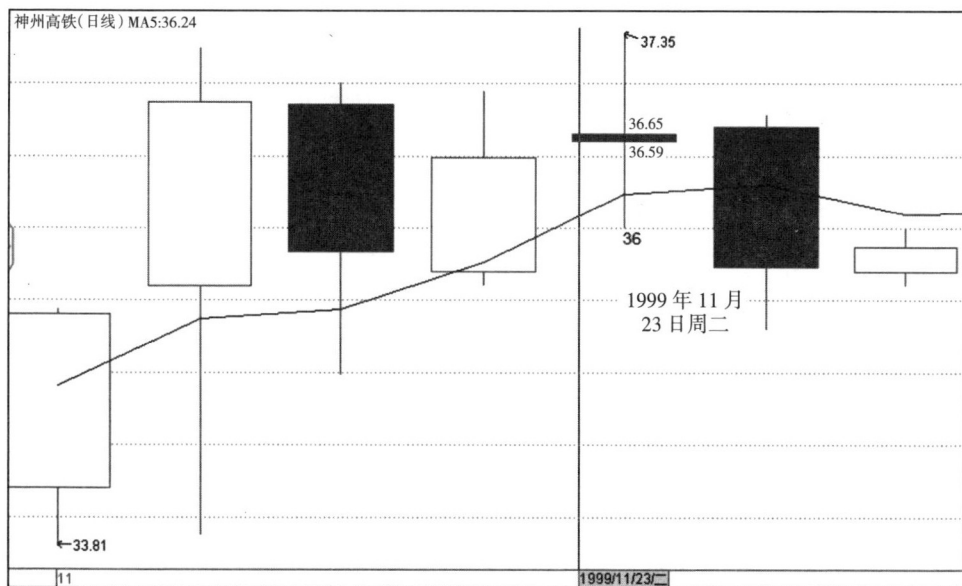

图 0-9　000008 的 1999 年 11 月 23 日周二的 K 线图

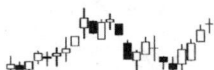

不给短线客任何"跑差价"的机会，这是典型的洗盘走势，股价波动空间，连顶尖操盘手也无法做出差价。

2001年1月10日，鉴于亿安科技股票出现的种种异常行为，中国证监会宣布查处涉嫌操纵亿安科技股价案，对持有亿安科技股票的主要账户进行重点监控。据法院审理查明，亿安集团和所属各公司及其他相关公司、个人将资金约11.096亿元调拨到7家炒股公司，这7家公司将其中的6.918亿元投进证券市场，此外，亿安集团还以7家炒股公司和个人的名义在多家证券营业部通过股票质押等方式融资19.007亿元，用于买卖深赛格、生益科技、亿安科技等多种股票，其中，7家炒股公司在全国54个证券营业部设立了792个股东账户，动用了资金14.856亿余元，炒作亿安科技股票。在此期间，共进行不转移所有权的自买自卖亿安科技股票交易共计68409笔，累计交易55553895股，在最高峰时所持有的股票占亿安科技股票流通股的87.34%，同时，亿安科技股票价格也相应由最初的7.55元跃升至最高时的126.31元，亿安集团公司在买卖亿安科技股票交易过程中获利4.648亿余元。

2001年4月23日，中国证监会对亿安科技股价操纵案作出处罚：长时间联手操纵亿安科技股价的欣盛、中百、百源和金易四家公司因违反《中华人民共和国证券法》规定，被处以没收违法所得4.49亿元、罚款4.49亿元。

缠中说禅如果在世的话，也许会劝人远离危险、远离期货、远离股票。股票终究只是理财的一种方式。

【缠中说禅真经】

（1）选什么股票其实不重要，关键是要选好买点，等待你的买点或换股的时机，别抛了一只买点上的股票去换一只卖点上的股票。一

个人，可以操作一只股票获取最大利润，关键是买点、卖点的节奏，而不是股票本身。

（2）市场只会给耐心者以回报；股票是需要养大的，天天要新股票的，肯定永远是小资金，小打小闹。专一点吧，每天跑来跑去的，一定挣不了大钱。要保证操作正确，最好就是一心一意，选好一定的股票，反复操作。如果你把所有该级别的震荡都基本把握住了，其实效率并不低。

（3）本 ID 介入一只股票，都是要至少持有两年以上的，甚至是更长时间。短线是用来摊成本的，要挣大钱，关键是看中线。越难弄"短差"的股票，越是中线的好股票。有些股票，大盘跌了，而其涨得更兴奋，所以"短差"是要看个股的具体走势的，不能一概而论。

目 录

任何把缠论当作技术理论来通读的人都是一种误解。缠中说禅从头到尾并未讲过任何的技术，讲的始终都是哲学。

缠论是首次将交易市场建立在严密的公理化体系上的理论，并且还原了人的本性，让人类的贪婪、恐惧无法隐藏。

股票市场的参与者，只有明确地了解市场当下的行为，才可能渐渐地化解贪婪和恐惧，而缠论就是将交易行为建筑在一个坚实的现实基础之上，而不是在贪婪、恐惧所引发的主观推测上。所以，请交易者注意：实际上缠论就是哲学，而非技术。

缠论技术就是非线性的现代几何学，在证券市场严格递归应用。该技术对市场进行了完全的分类，这与很多传统的技术和指标有很大的区别。但这为技术理论界带来了新

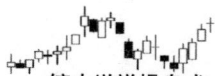

的角度。缠中说禅在吸收了各大技术的优点之后，加上他本人对市场的认识，便形成缠论所谓市场哲学的数学原理。

缠论的分型法则是技术分析中的最基础部分，又是非常关键的法则，它来源于 K 线组合的一个完全分类。最先提出分型概念的是诺贝尔奖获得者比尔·威廉姆斯，他在《证券混沌操作法》中，把分型称为上分型与下分型，缠中说禅对它优化之后，称为顶分型与底分型。

实际上缠论真正想告诉交易者，可以通过一套严密的分型方法，准确地告诉交易者当下应该做什么。

第三章　缠中说禅的笔法则

缠论最伟大的理念就是"走势终完美"，如果不了解这一点，就不懂得缠论的核心内容。而"走势终完美"则是一种几何形态。这个形态就是由笔这个基础所构成的。一种最基本的几何形态是三笔和一线段，三线段构成一中枢，一中枢就是一走势类型，一走势类型则是一个"走势终完美"的具体表现。

笔是缠论中定义的很重要和最基本的概念。线段是在笔的基础之上加以定义和划分的。笔就是构成线段的直接要素，而线段则是直接构成中枢的要素。在大级别周期的图形上，交易者直接接触的则是笔中枢，也是交易者操作和观察的指向标。由此可见，笔就是缠论技术最基本的部分。

　　线段就是缠论技术分析中的起点，在线段内部又包括分型、笔的概念，所构成的一个线段在结构上具有很强的稳定性。

　　线段能够当作一段没有内部结构的次级别走势。不同的级别，等同于是运用不同倍数的显微镜去观察走势，在不同倍数显微镜下的世界是不一样的，然而实际操作走势的显微镜倍数不可能无限小下去。因此，线段重要的意义是：确定一个最低级别的线段，将其下的所有波动抹平。

　　中枢的概念，是缠论引入的对走势观察的一个最直接的、最好的工具。

　　缠中说禅这样说过，抓住中枢这个中心、走势类型与级别两个基本点，其他的都是辅助的。中枢理论是缠论的原创，是波浪理论与箱体理论的规范化、系统化。

　　实际上，缠论就是应用了价格和价格形态，中枢就是构成价格形态的基础，当交易者懂得了形态，用中枢就能够断定趋势是怎么样完成的。市场之中的价格与价格形态不断演变，然而市场的形态大多数是不变化的，这就构建了操作的根据。被世人称作世界上伟大的股票作手的利弗摩尔在其书中就提及对形态的论述，构成了关键点位，来判断趋势的发展，将缠论与两者结合起来能够做到相互补充。

第六章　缠中说禅的级别法则 …………………………… 097

缠论的奥妙之处在于级别。级别实际上解决了一切公开的自由经济的金融证券市场，都是能够进行完全分类操作的。既能够按照自己的操作级别来从事有利可图的交易，也能够游走于各个走势级别之间，从事全方位的立体操作。

进入股市，最重要的则是确定操作级别，所谓短线交易者、中线交易者以及长线交易者，事实上是对应的所选的操作级别的不同。可是传统技术分析对于级别的划分十分混乱，没有完全分类，造成绝大多数的散户赔钱，市场主力就是利用了散户的贪、嗔、痴、疑、慢，在小级别上兴风作浪，去配合许多有利于主力的舆论宣传，疯狂地转动市场的"屠龙刀"，把散户"碾成肉酱"。想要在股市中生存下去，应该对市场加以完全分类，按照分类的明确界限，事前准备好各种应对之策，做到不测而测，而缠论的级别分类则正是如此一种方法。

第七章　缠中说禅的背驰法则 …………………………… 113

背驰概念在大多数的技术理论中早已有，然而作出明确定义的，缠中说禅则是第一人。背驰的最重要的地方在于它是市场分界点判断的最基本手段。背驰引起至少同级别的或者大级别的转折。因此，一旦决定了介入的级别，在这个级别的背驰终点则是买卖点。而这个买卖点在理论上可以用100%保证。

背驰则属于缠论的动力学范畴，是以中枢形态学加以定位的，从而"走势终完美"。没有趋势，便没有背驰。只要有了背驰，才会有转折。判断出了背驰，才能买卖。背驰必然与中枢有关，在不同的级别之下，中枢的不同位置有第一类、第二类、第三类买卖点。

第八章　缠中说禅的走势判断法则 ……………………… 131

缠中说禅实战操作的要点就是走势分解。他着重强调其理论的精髓并不是什么笔、线段和中枢，而是"走势终完美"，笔、线段和中枢仅仅是判定走势是否完美的工具而已。

在缠论股票操作理论体系中，第一个极其重要的理论是走势必完美，这是所有理论的核心，其他定义、定理都是依照这一理论而产生并为它服务的。第二个重要的理论则是中枢理论，通过中枢理论来确认走势的完美性，进而构建出第一类、第二类、第三类买卖点。也就是说，走势必完美就是缠论的战略，中枢则是缠论的战术，第一类、第二类、第三类买卖点就是缠论的具体战役。

第九章　缠中说禅的买卖法则 …………………………… 151

股市交易，归根结底是买卖点的把握。缠中说禅提出三类买卖点系统，这就是他技术系统的主要部分之一。缠论的第一类买点是背驰买点，这归入抄底买点。缠论的第二类、第三类买点都是 N 字买点，若在日线上只是接触均线，则在低级别的（30 分钟或者 15 分钟）图形上会形成中枢。

缠论有一个交易的基础：对买点精准地把握。只有非常精准的买点，才能在中枢的

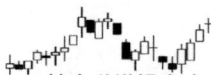

扩展和延伸中不受理论分析的干扰。

正如缠中说禅所言："选什么股票并不重要，关键在于要选好买点，等待你的买点或换股的时机，别抛了一只买点上的股票去换一只卖点上的。一个人，可以操作一只股票获取最大利润，关键是买点、卖点的节奏，而不是股票本身。"

第十章　缠中说禅的操盘原则 ················· 173

缠中说禅在多年股票生涯中总结出很多经典的操盘原则，这也是他的长期体验与心血之作。比如他有过这样的精彩论述："世界金融市场的历史一直在证明，真正成功的操作者，从来都不预测什么，即使在媒体上忽悠一下，也就是为了利用媒体。真正的操作者，都有一套操作的原则，按照原则来，就是最好的预测。那么，本人理论中的分型、笔、线段、中枢、走势类型、买卖点等，是不是预测呢？是，也不是。因为本质上本人的理论是最好的一套分段原则，这一套原则，可以随着市场的当下变化，随时给出分段的信号。"

他认为，任何操作都必须遵守交易纪律，具备能够严格执行纪律的性格与行为风格。再好的理论，再强的技术和方法，假如交易者不去依照技术要求进行买卖，那么也就没什么意义了。

第十一章　缠中说禅的操盘策略 ……………………… 197

缠中说禅说过："市场考验的是长期的盈利能力，而不是一次爆发的能力，关键是长期、有效的交易策略。买入时要把各种情况想好，持有要坚决，卖出更要坚决，这样才能逐步提高。是你炒股票，不是股票炒你，先从自己下手。"

他进一步说："操作是双面的，可以先买后卖，可以先卖后买，可以先卖后买再卖，关键是看图操作，不要凭自己的情绪。按图形来操作，把级别定好，但千万别太机械了，要配合好大级别的，否则都按 1 分钟来，就机械了。"

缠中说禅不仅有着高超的技术，而且他对股市、自然以及人类本性有着深刻体会。

第一章　缠中说禅的操盘理念

任何把缠论当作技术理论来通读的人都是一种误解。缠中说禅从头到尾并未讲过任何的技术，讲的始终都是哲学。

缠论是首次将交易市场建立在严密的公理化体系上的理论，并且还原了人的本性，让人类的贪婪、恐惧无法隐藏。

股票市场的参与者，只有明确地了解市场当下的行为，才可能渐渐地化解贪婪和恐惧，而缠论就是将交易行为建筑在一个坚实的现实基础之上，而不是在贪婪、恐惧所引发的主观推测上。所以，请交易者注意：实际上缠论就是哲学，而非技术。

一、缠中说禅的哲学理念

任何把缠论当作技术理论来通读的人都是一种误解。缠中说禅从头到尾并未讲过任何的技术，他讲的始终都是哲学。缠中说禅在结合哲学的基础上，构建了整个操盘的理念。

缠中说禅说过："生命的意义是体悟生命，生命是用来参悟生命的，而不是那些所谓生不带来死不带去的回报。这叫先以欲勾引，后令入佛智。炒股票，也是一种修行。"

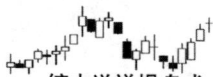

缠中说禅还认为，**操作股票是小道，人生才是大道。**

从股市中走出来，抓住当下所焕发的新的色彩，让你识时务成为俊杰，让你能够不断地积累；当你从生活中回到股市，你会发现股市如人生，因此你才能够悟到股市的真谛。

缠论的修行着重于哲学层面，是对整个生活层面进行全面的修行。缠论的重点在于修缠得禅，只有得禅才使其变得富有生机，才能让其那干枯的形态有了灵魂。缠论所描述的一个几何理论，这背后有很深的哲学寓意。

缠论的哲学路线安排就是：由股市的解决之道，到论语的入世之道，最终到达圆满的境界。

缠论的投资理念为什么称为"缠中说禅"？主要有两个原因：

一是以股市作为基础。所谓"缠者"就是指价格重叠区间，买卖双方阵地战的区域；所谓"禅者"就是指破解股市之道。它以阵地战为中心，比较前后两段的力度大小，大的留下，小的则离去。

二是以现实存在作为基础。所谓"缠者"就是人性的纠结和贪嗔痴慢疑；所谓"禅者"就是一种觉悟和超脱。以禅破缠，上善若水，就好比空筒，随波而走，才能入空门。

诸行无常，在缠论中就是背驰引发转折，没有背驰也能够引发转折，用缠论来解读就是由小级别背驰导致的，因此在股市中更重要的动作就是应对。要想能够果断地应对好，没有无我的情怀是不行的，这就是缠中说禅的"禅"的所在，进一步可以理解为操作股票就是修行。

最重要的是，**缠论归根结底是一套关系人性的理论，只有在交易中不断地修炼，才能战胜人性的弱点，因为交易最终比的是功力。**

交易者的每点变化都会如实地记录在那个无形的记账簿里，只有诚心对自己，诚心对他人，才能心有所悟，有所顿化，日积月累，其

形自显。心沉而定，心浮而动，走势也不过是特征与阳性段的互换。这些都是栽花的土，有了各个层面的理解，花开是必然的，融会贯通日，就是功力精进时，经常跳出自己看自己，是最应该做的事情。衡量自己所处的阶段，并找到突破之法，久而久之，自己的大图一定会画出来。这完全取决于自己，不受到任何人束缚，贪婪和恐惧不消除，无法有定力。只有消除恐惧和贪婪，才能对市场作出全面、客观的分析，只有这样，才能坚持自己，并在不断的验证中来修正自己。

实际上缠论的操盘理念就是集市场、人生、修行为一体的智慧，犹如太极是集武学、人生和修行为一体的智慧，二者具有相似之处。

缠论是首次将交易市场建立在严密的公理化体系上的理论，并且还原了人的本性，让人类的贪婪、恐惧无法隐藏。

股票市场的参与者，只有明确地了解市场当下的行为，才可能渐渐地化解贪婪和恐惧，而缠论就是将交易行为建筑在一个坚实的现实基础上，而不是在贪婪、恐惧所引发的主观推测上。

缠论的本质就是量变到质变的法则。波浪理论所讲的浪形实际上就是量变到质变的法则，缠论的背驰等揭示的就是量变到质变的法则；股市中的任何分型，比如形态等揭示的也都是量变到质变的法则。量变到质变的法则，也是中国的古代文化《易经》的精髓所在，整部《易经》讲的都是阴阳质变，爻是量的积累，是动的；卦就是质变，是静的。所以整个宇宙就是静中有动，动中有静。

总之，缠论不仅是一门技术，更是一种深邃的哲学思想。

二、混沌理论

缠论在其操作体系中向我们展示了证券市场演化模型，在该模型中揭示了这个动态的宏伟的画卷中隐藏着的人类才认识到几十年的自然法则，这个法则就是混沌理论。缠中说禅结合他 10 多年的操盘经验，用独特的语言系统描绘了这个深奥的自然法则，这就是还需要大家长期的探索揭示自然奥秘的非线性学科。

分形几何学强调自相似性与不同级别自相似几何结构的演化，**缠论用中枢、级别和走势等概念把混沌哲学思想运用到证券市场上，为大家描绘了各级别下市场自组织、生长着的看似混乱的却是更高层次有序的混沌画面。**缠论对股市的分析在非线性形态学方面是极其完备的，其操作性极强的交易系统就是根基于形态学、倾听市场、看懂走势、把握节奏；而在非线性形态学动力学方面主要提到了上、下的力度研判，潜意识把中枢当作对上、下具有稳定吸引子功能的引力，对力度辅助的 MACD、BOLL 以及 VOL 研判，这将是人类探索自然所面临的最大课题，特别是证券市场。

那么，什么叫混沌理论呢？一提及混沌理论，人们就会想到蝴蝶效应。混沌理论的精华就是结果的不可预见性与过程的可推导性。首先，假如将混沌理论应用于市场，那么我们就能够得出结论：市场永远按照阻力最小的路径来运行。其次，各种因素导入市场的方式和时间不同以及起到的作用不同，所产生的结果也是不一样的。即便极小的因素，也可能导致在系统内与其他因素相互作用后形成很大的、不可预料的结果。这就是所谓的蝴蝶效应。

比尔·威廉姆斯在《证券混沌操作法》中描述了宇宙中充满非线性动态的事实，并提出了生命与智慧基于混沌才可能发生，我们通过特定的范式观察世界有一定的局限性，而且无法反思范式的本身。与此同时他还介绍了混沌理论与分形几何学的知识，阐述了稳定只是暂时的，混沌才是永远的。对金融市场来说同样如此，也具有非线性的性质，**市场处于混沌的状态，有着不可预测性。成功的交易应当与市场共舞，并非与市场为敌**。因此要想在市场交易中获得成功，应该了解市场的根本结构与自己的根本结构，接着与市场结合起来，进入阻力最小的通道，只有这样才能达到知己知彼、百战不殆的境界。

若将股市当作一个不断地随着行情演变的混沌系统，则混沌理论就会告诉交易者，对一个混沌系统进行长期预测是不可能的，包括以价值投资闻名的巴菲特也不相信股市预测。**蝴蝶效应同样告诉交易者：细小的变化能够引起最终大级别的反应**。从世间万物的运动规律来看，"线性理论"实际上是更大级别的"混沌理论"——"非线性中的线性行为"，当然作为股市也就是非线性运动的运行方式，交易者能够明白：为了安全盈利，必须尽量避开混沌的非线性，去追求具有线性趋势的确定性，简而言之，就是看大趋势是上涨周期还是下跌走势或者是反弹走势。越细微的地方就越混沌，而企图把握细微处的规律，那简直是不可能做到的。在一个充满不确定性的非线性运动的市场中，正确的思考方法极其重要。

"混沌"本原是指宇宙未形成之前的混乱状态，中国和古希腊哲学家对于宇宙的起源都持"混沌论"，认为宇宙是由混沌之初逐步形成当今有条不紊的世界。在秩序井然的宇宙中，西方自然科学家经过长期的研究，发现自然界中的很多规律，比如人们耳熟能详的地心引力、杠杆原理以及相对论等。这些自然规律都可以用单一的数学公式进行描述，并能够根据这个公式准确预测物体的行径。

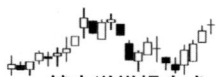

美国气象学家洛伦兹在 20 世纪 60 年代初研究天气预报中大气流动问题的时候，**揭示出混沌现象具有不可预言性和对初始条件的极端敏感依赖性两大特点，同时他还发现表面上看起来杂乱无章的混沌，依然有某种条理性**。1975 年，美国数学家约克及其研究生李天岩在他们的论文"周期 3 则乱七八糟（Chaos）"中第一次引入了"混沌"这个名称。

1976 年，美国生物学家梅在对季节性繁殖的昆虫进行年虫口的模拟研究中，第一次揭示了通过倍周期分岔达到混沌这一方法。1978 年，美国物理学家费根鲍姆在重新对梅的虫口模型进行计算机数值实验的时候，发现了称为"费根鲍姆常数"的两个常数。这就引起了数学界和物理界的全面关注。此时，美国数学家曼德尔布罗特也用分形几何来描述一大类复杂无规则的几何对象，让奇异吸引子具有分数维，从而推进了混沌理论的研究。

50 多年以来，不少科学家发现太多自然现象即便可化为单纯的数学公式，但其行径却很难进行预测。比如气象学家洛伦兹发现，简单的热对流现象竟然能引起让人无法想象的气象变化，产生所谓的"蝴蝶效应"，即某地下大雪，经追根究底却发现是受到几个月前远在异地的蝴蝶拍打翅膀产生气流所导致的。1960 年，美国数学家史蒂文·斯梅尔发现，某些物体的行径经过某种规则性的变化，此后的发展并没有一定的轨迹可寻，显现失序的混沌状态。

混沌现象起因于物体不断以某种规则复制前一阶段的运动状态，而产生很难预测的随机效果。所谓"差之毫厘，失之千里"正是这一现象的最好说明。具体来说，混沌现象发生于易变动的物体或者系统，该物体在行动之初非常单纯，然而经过一定规则的连续变动后，却产生没有想到的后果，也就是混沌状态。这种混沌状态不同于一般杂乱无章的混乱状况，该混沌现象经过长期和完整地分析后，能够从中理

出某种规则。虽然混沌现象最先用于解释自然界，但是在人文和社会领域中由于事物之间相互牵制，混沌现象非常多见。比如股票市场的起伏，其波动本身就是一个混沌系统。

比尔·威廉姆斯在《证券混沌操作法》一书中说道：**"实际上，混沌是一门关于科学的科学，它已经为气象、地质以及期货交易等很多领域带来革命性的发展，它不仅是一种新方法或者一项新交易技术，而且还是一种崭新世界观，它的观念必将影响每一个人的未来。"**

经典的观点是：商业活动具有一定的周期性。也就是说存在固定的模式使历史可以重演。很多聪明人企图预测市场，然而更聪明的人应该懂得预测未来的唯一方法就是：顺应它，并创造它。美国股神彼得·林奇的最朴素观点是"从来不相信市场预测"。

随着人们更深入研究之后，大家渐渐发现了证券市场的很多特征：从它的波粒二相性的表象，诞生了波浪理论以及各种定价模型；从它的群体运动的基本特征出发，进而又有人深入研究大众心理、技术指标、概率论、实战心法和操盘铁则等种种经济理论，都企图找到某一突破口，从中去发现股价运行的规律。在混沌理论体系中，上述这些现象只是一颗钻石的某一侧面。

许多股票高手把混沌理论当作研究股市运行的基础，并取得了很好的效果。混沌也可以让交易者更易理解这些股票高手们终身的感悟。比如，道氏眼中永恒的5~3波浪态，江恩的《时空隧道》对轮中之轮的循环的描述，以及他对书中之书《圣经》的解读："爱德华的'顺势而为'。"《交易与禅宗》这样认为："让市场而非自我去做决策——我不做技术分析、基本分析，我仅仅随市场波动。"具备混沌基础之后，再读巴菲特、索罗斯各种各样的华尔街股谚等，都会有全新的认识和感悟，交易者会发现他们多年的理念和见识，多方面认证混沌世界所认可的规律，更有利于理解均线系统或者MACD等的价值和重点所在。日本

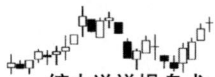

兵法家宫本武藏在他的传世兵书的序中写道："终于在 55 岁的时候，我悟到了所谓兵法的精髓，至此所有的修炼方式对我来说均失去了意义。我明白了做一切事情的至高无上的方法，则是仿效自然。"

三、平衡理论

在股票技术分析过程中，缠论立足于结构，最终落脚于平衡。缠论把力学结构上的平衡当作走势的终极目标。缠论在技术分析中应用最广的，则是平衡理论。事实上，股票走势就是连接段和中枢两部分。这个连接段看上去并没有中枢那么复杂。然而连接段的力度直接决定了走势。比如昨天的走势，第一段简单、迅速，那就会清楚地告诉你，这个反弹走势的力度是巨大的。假如背驰段的力度更大，则成就趋势就没有任何疑问了。一般情况下中枢级别大，那么走势就弱。为何缠论讲缺口的力度最大，它的中枢能够用三个零的叠加来替代，就是这个道理。原则上中枢两边的线段，就是用平衡理论来判断走势的。缠论甚至将中枢的同方向的两线段进行比较，看是否能够平衡某种力量。可见平衡理论在缠论技术分析当中的重要性。

平衡理论则是以平衡法则作为基础，以结构型技术为导向，形成独特的技术分析体系和操作决策体系，是一门新的技术分析方法。该理论完全脱离成交量分析与指标分析，分析研判和买卖决策也无须验证成交量和指标，是一个完整的独立体系。该理论将传统复杂的技术分析高度简单化，不需要对市场进行预测，也不需要去作出比市场更聪明的预测，只要承认和尊重市场并顺势而为就行了。该理论不仅能够避免主观判断，而且能够尽量地避免传统技术分析的缺陷，在实战

中通常有出色的表现。

世间万物总是处于不断的运动之中，绝对静止的物体是根本不存在的，一切运动的物体均处在相对的平衡与不平衡之中。如果平衡被打破，那就是不平衡，不平衡又会孕育新的平衡，永恒的平衡与不平衡是不存在的，所有事物总是处于平衡与不平衡的混沌状态。在一定的时间内保持原有的特性被称为平衡，否则的话，那就是不平衡。

自然界中的一切都是处于动态平衡当中，从生物界的产生、成长、消亡、延续的反复循环到昼夜更替、日月交换以及寒来暑往等自然现象，总是在有序和无序、和谐与不和谐当中得到统一。

缠论认为，**市场趋势的类型与自然界的规律一样。上涨趋势就是涨多跌少，就像夏季那样日长夜短；下跌趋势就是跌多涨少，就像冬季那样日短夜长；横盘趋势就是涨跌各半，就像秋天那样阴阳各半。**冬天过去了春天又来临了，市场也是这样往复循环。

市场时时刻刻都处于动态变化当中，该动态变化构成了市场行为的全部内容，并且构成了一种趋势，每一种趋势均会延续一段时间（市场一旦形成某一种趋势之后，均会延续一段时间，这个延续一段时间的过程，被称为一种动态的平衡），这种趋势的延续就构成一种动态的平衡，可是此动态平衡状态并不是永远的，当这种平衡遭受外界环境变化或者市场反作用力的影响时，原有的趋势或者平衡被打破，新的平衡便会产生。因此，**市场总是在平衡—短暂的不平衡—新的平衡中永远不断地运动。涨多必然下跌，跌多必然上涨，阴阳不断地交替，涨跌不停地循环。**这就是市场的本来面目，因而市场才能保持动态的平衡，使原有的平衡被打破，新的平衡才会产生，市场的趋势就能够在往复循环中获得延续。

因为市场运行节奏不一样，所以趋势运行可以分为均衡趋势运行与非均衡趋势运行。**均衡趋势运行就是在同一个趋势方向（分三种：**

上涨、下跌、横盘）上，同样的时间内涨跌幅度相同或者相似。

非均衡趋势运行是指在同一个趋势方向上，相等或者不相等的时间内涨跌幅度是不一样的。然而无论价格运行如何，趋势均会保持在一个相对平衡的匀速运行状态，一直到原有的平衡被打破而产生新的平衡位置。这是市场原有平衡被打破产生新的平衡时的转折点。**市场平衡基点就是判断股价短期与长期、底部与顶部的重要标准，并对将来的趋势有很大的约束力。**

一旦新的趋势出现，新的基点就会同时产生。每个基点之间会有一定的联系，各基点之间的连线对股价起到一定的支撑与阻力的作用。

四、完全分类理论

缠论认为，结构是有能量的，它以级别分类，级别之内含有一定能量，突破需要对应能量，也就是说，要有对应级别结构，并且确认也需要相应级别，而对应级别是可以分段的，是有特征界定的，这就是不同级别走势组合的秘诀。任何一个图形都能够运用缠论原则清晰地定义它的级别，被称为缠论分类，让复杂的走势一清二楚。**任何走势都逃脱不了缠论确立的几何分类原则，由于各级别有它所代表的能量意义，从而也就对行情所处的当下阶段与将来可能组合出的级别进行完全级别分类，这样就可以掌握市场的行情。**

缠论对股票操作的一个重要贡献就是完全分类。完全分类是混沌理论、分型理论的一种升华，它是缠论的一个核心思想。

1. 有关缠论"完全分类"的论述

"市场的波动，归根结底是在前后两个高低点关系构成的一个完全

分类中展开的，明白了这一点，市场就如同自己的掌纹一样举手可见了。以上这些，不但对于散户，对于庄家其实也是一样的，能明白这一点，就可以在市场中游刃有余了。"

"技术分析，最核心的思想就是分类，这是几乎所有玩技术的人都搞不清楚的一点。技术指标发出买入信号，对于技术派来说，就以为是上帝给了暗示一般，抱着如此见解，几乎所有技术派都很难有大的成功。技术指标不过是把市场所有可能的走势进行一个完全的分类，为什么技术派事后都是高手，真正干起来就不行，就是这个原因。"

"任何技术指标，只是把市场进行完全分类后指出在这个技术指标的视角下，什么是能搞的，什么是不能搞的，如此而已。"

"设计一个程序，将所有投资对象进行分类，只搞那些能搞的，这是投资的第一原则。"

2. "完全分类" 与操作策略

缠论这样认为，"完全分类" 与操作策略是配套的、相对应的：

"任何技术指标、系统，本质上都是一个评价系统，也就是告诉你在这个系统的标准下，评价对象的强弱。例如，一条 5 日均线，站在上面，代表着用 5 日均线对市场所有情况进行分类，目前站在 5 日均线上这种情况意味着是强势。然而，站在 5 日均线上的同时，可能对于 10 日均线是在其下，那对于 10 日均线的系统评价，这种情况就是弱势了，那究竟相应的走势是强还是弱？"

"其实，强弱都是相对的，关键是你操作所介入的标准。对于超级短线来说，在 1 分钟线上显示强势就可以介入了，特别在有 T+0 的情况下，这种操作是很正常的。但对于大资金来说，就算日线上的 5 日线强势也不足以让他们感兴趣。任何技术指标系统的应用，首要的选择标准都与应用的资金量和操作时间有关，脱离了这个，任何继续的讨论都没有意义。因此，每个人都应该按照自己的实际情况来考

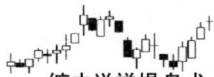

虑如何去选择相应的参数，只要明白了其中的道理，其应用完全在于一心了。"

"对于股票来说，实际的操作无非三种：买、卖、持有。当然，在实际中，还有一个量的问题，这和资金管理有关，暂且不考虑。那么，任何投资操作，都演化成这样一个简单的数学问题：N种完全分类的风险情况，对应三种（买、卖、持有）操作的选择。"

完全分类的思想是缠论的一个重要基础。缠论在关于均线、分型、中枢的讲解与分析之中，都体现了这种完全分类的思想。缠论认为：

"应用完全分类的思想，我们已经考虑了各种可能性，因此，市场的走势就真正像我们看自己的指纹那样清晰了。"

"投机不是瞎搞，是要清清楚楚地搞。要清清楚楚，就要对市场充分地理解，要明白其道道。市场从来都是明白人挣糊涂人的钱。"

缠论中，不仅包括了技术，而且还包括了相应的心法。就技术来说，就像数学那样清晰、明确、严格和严谨，而不是那种糊里糊涂。如果有人弄不清这种"完全分类"，便从虚无的角度去理解，成天神秘兮兮的，这样做下去，不得精神病才怪！要将缠论作为数学去研究，而不能将其视为神学。

在完全分类的基础上，我们就可以确定什么是能做的，什么是不能做的，只是在买点买、在卖点卖，不考虑其他东西。

正如缠论所说的：

"真正的猎手只会观察、操作……"

"一个好的猎手，可以没有嘴巴，但一定会有一双不为外物所动的眼睛，在这双眼睛下，一切如幻化般透明。"

"猎物不是你所想到的，而是你看到的。相信你的眼睛，不要相信你的脑筋，更不要让你的脑筋动了你的眼睛。被脑筋所动的眼睛充满了成见，而所有的成见都不过对应着把你引向那最终陷阱的诱饵。猎手并不畏惧陷阱，猎手只是看着猎物不断地、以不同方式掉入各类陷阱，这里无所谓分析，只是看和干！"

"用你的眼睛去看，用你的心去感受，而不是用你的耳朵去听流言蜚语，用你的脑筋去抽筋！"

根据分型理论的观点，市场的走势是不可预测的，所以，交易者不需要去预测什么，只需要在完全分类的基础上，用眼睛去看"当下"，根据当下的走势，该做什么就做什么。

缠中说禅如此说道："希望来这里的人，以后慢慢少点诸如要涨多少要跌多少之类的问题，因为这类问题都是在错误的思维下产生的。本人不是股评专家，不是算命先生，没兴趣猜测上升、下跌的空间，本人只是一个观察者，只在买点出现时介入，然后持有，等待卖点的出现，其他本人一律没兴趣。来这里，如果最终不能脱胎换骨，在投资上换一双眼睛，那你就白来了。"

分解这个市场的标准是什么并不重要，也就是分类的原则并不重要，关键是这个分类能导致完全分类就行了。缠论强调这一点。

缠论最核心的东西就是图形的分解：最小的单位是 K 线，K 线构成笔，笔构成线段，线段的连接就组成了走势，走势可以分为盘整和趋势，趋势又可以分为上涨和下跌。缠论的图形分解如图 1-1 所示。

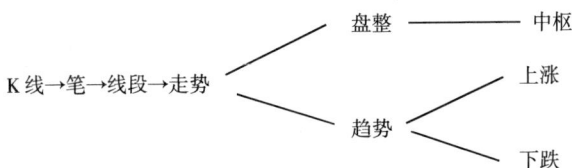

图 1-1 缠论的图形分解

五、自相似性理论

缠中说禅说过："本人的理论中，有一条最重要的定理，就是有多少种不同的自相似性结构，就有多少种分析股市的正确道路，任何脱离自相似性的股市分析方法，本质上都是错误的。"

缠中说禅为何这样说？

假如一个物体自我相似，表示它与它本身的一部分完全或者几乎相似。如果说一个曲线自我相似，也就是说每部分的曲线有一小块与它相似。自然界中有太多东西有自我相似性质，比如海岸线。

同样，股票价格走势图也具有这种特性：在不同放大等级之下，总是呈现相似的模式。证券与它的衍生品价格运动状况，看似是杂乱无章的，然而追究它的本质，就会发现这里面存在某种更高级别的运动秩序。而价格演变就是根据这一运行秩序（循环规律）进行的，一直到新的循环秩序形成。其中，**运行结构的自相似性，是市场自相似性的重要表现特征**。在波动空间方面，就会表现为回调、反弹比率的**自相似性**。

所以，缠中说禅认为，走势类型的本质就是自相似性。他是如此论述的：

"为什么要研究分型、走势类型等东西，其哲学基础是什么？这就是人的贪、嗔、痴、疑、慢。因为人的贪、嗔、痴、疑、慢都是一样的，只是跟随时间、环境大小不一，所以，就显示出自相似性。而走势是所有人贪、嗔、痴、疑、慢的合力结果，反映在走势中，就使走势显示出自相似性。"

"分型、走势类型的本质就是自相似性，同样，走势必完美的本质也就是自相似性。分型，在 1 分钟级别是这样的结构，在年线上也是这样的结构，在不同的级别上，虽然级别不同，但结构是一样的，这就是自相似性。同样，走势类型也一样。"

"正因为走势具有自相似性，所以走势才是可理解的，才是可把握的。如果没有自相似性，那么走势必然不可理解，无法把握。要把握走势，本质上，就是把握其自相似性。"

"自相似性还有一个最重要的特点，就是自相似性可以自组出级别来。在上面的话中，先提到级别，在严格意义上是不对的。级别是自相似性自组出来的，或者说是生长出来的，自相似性就如同基因，按照这个基因、这个图谱，走势就如同有生命般自动生长出不同的级别来，不论构成走势的人如何改变，只要其贪、嗔、痴、疑、慢不改变，只要都是人，那么自相似性就存在，级别的自组性就必须存在。"

"本人理论的哲学本质，就在于人的贪、嗔、痴、疑、慢所引发的自相似性以及由此引发走势级别的自组性这种类生命的现象。走势是有生命的，本人说看行情的走势，就如欣赏一朵花的开放，嗅一朵花的芬芳，看一朵花的美丽，一切都在当下灿烂。这绝对不是男人式的矫情比喻，而是科学般的严谨说明，因为走势确实有着如花一般的生命特征，走势确实在自相似性、自组性中发芽、生长、绽放和凋败。"

"因此，本人的理论是一种可发展的理论，可以提供给无数人去不断研究，研究的方向是什么？就是走势的自相似性、自组性。这里，可以结合现代科学的各门学科，有着广阔的前景以及可开发性。"

"所以，本人的理论，不是一些死的教条，而是一门生命学科。"

"只是，目前本人只和各位讲述一些最简单的自相似性：分型、走势类型。"

"显然，分型、走势类型是两种不同结构的自相似性结构，我们还

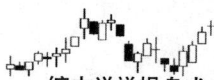

可以找到很多类似的结构，但现在，还是先把这两个最基础的结构搞清楚。条条大路通罗马，只要把这两个结构搞清楚，就能到达罗马。而其他结构的寻找、研究，本质上是一种理论上的兴趣。而不同的自相似性结构对应的操作的差异性问题，更是一个理论上的重大问题。"

"本人的理论中还有一个暂时没有解决的问题，就是走势中究竟可以容纳多少自相似性结构；还有一个更有趣的问题，就是起始交易条件对自相似性结构生成的影响，如果这个问题解决了，那么，对市场科学的调控才能真正解决。"

"本人的理论还可以不断扩展，也可以精细化进行。例如，对于不同交易条件的自相似性结构的选择，就是一个精细化的理论问题。"

"自相似性结构有什么用处，这用处大了去了。一个最简单的结论：所有的顶必须是顶分型的；反之，所有的底都是底分型的。如果没有自相似性结构，这结论当然不可能成立。但正因为有自相似性结构，所以才有这样一个对于任何股票、任何走势都适用的结论。"

"这样一个结论，就可以马上推出这个100%正确的结论：没有顶分型，没有顶；反之，没有底分型，没有底。那么，在实际操作中，如果在你操作级别的K线图上，没有顶分型，那你就可以持有'睡觉'，等顶分型出来再说。"

"另外，有了自相似性结构，那么，任何一个级别里的走势发展都是独立的，也就是说，例如，在30分钟的中枢震荡，在5分钟的上涨走势，那么两个级别之间并不会互相打架，而是构成一个类似联立方程的东西，如果说单一方程的解很多，那么联立起来，解就大幅度减少了。也就是级别的存在，使对走势的判断可以联立了，也就是可以综合起来系统地看了，这样，可能走势的边界条件就变得异常简单。"

"所以，看走势，不能光看一个级别，必须立体地看，否则，就是浪费了自相似性结构给你的有利条件。"

当然，研究市场的自相似性，应该要引入交替规则，否则的话，市场走势只是简单地重复，那就没有任何意义了。有一些自认为学了点技术分析的人，总认为技术分析就是简单地历史重复，却不了解市场实际上是不可重复的。

市场走势由人类参与所生，必然就会反映出参与者的内心，而内心这玩意儿绝不是什么虚无缥缈的东西，它一定会留下痕迹，这些自相似性结构就恰好是窥测市场心理的精密仪器。

为何要引入交替规则？由于人都有提前量，而这提前量正好是自认为聪明的人总想提前于市场、超越于市场所为。这种人，想提前于市场，却不了解，市场早已提前于他产生整个结构的变化。缠中说禅说过，这是一个极其重要的原理，所谓"不会两次跨入同一条河流"就是这个意思。实际上就是由人类共同作用下的贪、嗔、痴、疑、慢所为。

六、区间套定理

缠论中的区间套定理，就是分形理论的另一种表达，分型理论与混沌操作法中的条形图系统是相似的。

缠中说禅说："学过数学分析的，都应该对区间套定理有印象。这种从大级别往下精确找大级别买点的方法，和区间套是一个道理。"

运用区间套定理，看低一级别的图，从中根据这种方法找出相应的转折点。这样和真正的低点基本没有很大的距离。凡是学过数学分析的人，都会对区间套定理有一些印象。

区间套就是缠论精确定位买卖点的最好工具。所谓区间套就是准

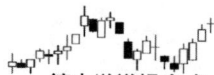

确逐级确定的方法。区间套操作的最终意义就是追踪节点。从高一级到低一级背驰下去，一直追踪到某一单成交为止。此原理就像在某个区域搜索一个人那样，首先确定哪个区，接着确定哪栋楼，然后再确定哪间房，最后确定哪个座位。

1. 缠论的区间套定理

缠论的区间套定理也就是缠论精确大转折点寻找程序定理：某大级别的转折点，能够通过不同级别背驰段的逐级收缩范围而确定。换句话说，某大级别的转折点，首先找到它的背驰段，接着在次级别图中，找出相应背驰段在次级别里的背驰段，把这个过程反复进行下去，一直到最低级别，相应的转折点就在该级别背驰段确定的范围之内。假如这个最低级别是能够达到每笔成交的，理论上，大级别的转折点，能够精确到笔的背驰上，甚至就是精确到唯一的一笔。事实上，1分钟的背驰段，通常就是以分钟来计算的，对于大级别的转折点来说，就已经非常精确了。

2. 数学的闭区间套定理

设一无穷闭区间列 $\{[a(n), b(n)]\}$ 必须适合两个条件：①后一区间在前一区间的范围内，即对任一个正整数 n，有 $a(n) \leqslant a(n+1) \leqslant b(n)$；②当 $n->$无穷的时候，区间列的长度 $\{(b(n)-a(n))\}$ 所成的数列收敛于零，则区间的端点所成的两数列 $\{a(n)\}$ 以及 $\{b(n)\}$ 收敛于同一极限 Q，而且 Q 是所有区间的唯一公共点，如图1-2所示。

闭区间套定理或更高维的闭球套定理一般用来证明或说明某个空间（集合）具有一种"稠密"的性质。在此空间中构造出一列（无穷多个）闭球，让这些闭球一个比一个更小并且后一个总被套在前一个里面，目的是让这列闭球的直径最终趋于零，即无限小，此时，"最里面"的闭球要么是空集，要么是一个点，假如最里面的闭球是一个点，则这个点一定包含于所有的这一列闭球，我们就说这个空间具有这种

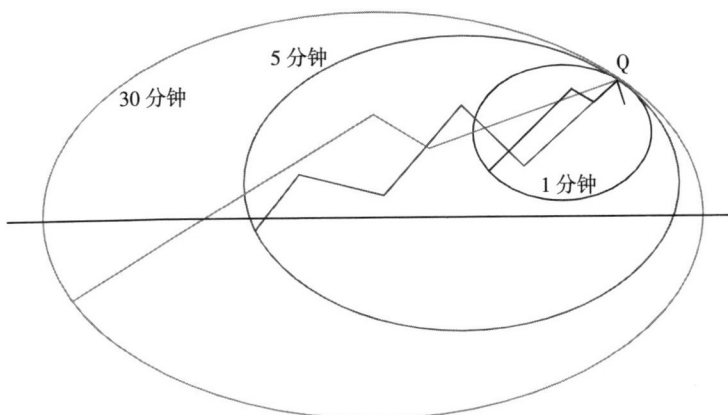

图 1-2 缠论的闭区间套定理（或更高维的闭球套定理）

"稠密"的性质；相反，假如这个空间具有"稠密"的性质，一定能够构造出一列直径越来越小最终为无穷小的闭球套，它们有唯一的公共点！

那么，数学的区间套就比较好理解了，即集合的包含，最后只剩一个无限小的数达到一个极限。闭球套就更好理解了，即大球套小球，最后的小球成为一个点，此点应该是所有球都包括的。

将区间套引入股票价格走势是缠论的一个很大的创新。**缠论的区间套最终定位在走势结束的最低（高）的那一个价位上，此价位逐级从最高级别到最低级别，逐步去寻找这个点，闭球套越来越小，越来越精细，就是当各个级别都走入背驰段产生共振，1 分钟甚至更低级别的背驰导致大级别的背驰确认。**这种共振在理论上是缠论的精华。

七、缠论的形态学和动力学

缠论的主要内容由形态学与动力学两部分所构成：

一是形态学。实际上属于几何学的范畴，不需要任何前提。其内容包括笔、线段、中枢、走势类型、关于各种与结合律相关的问题、一切有关股票的理论中关于形态部分的理论，归根结底的其中一个方面就是要包罗万象。

二是动力学。实际上属于物理学的范畴，有两个前提：价格充分有效市场和非完全绝对趋同交易。其内容包括背驰、中枢震荡、中枢以及走势的能量结构的类型。

两者的结合（即第一类买卖点、所有买卖点）归结到根本上就是第一类买卖点。

其中，**形态学是根本，而动力学只是起辅助作用。然而动力学不是附属，并不是可有可无的东西，如果不懂得动力学就抓不住第一类买卖点，而不抓住第一类买卖点，又怎能去准确寻找第二类买卖点？只有将形态学与动力学都弄明白了，并将两者结合起来，才能发挥出更大的威力！**

缠中说禅是这样叙述的：

"本人的理论，本质上分三部分，一是形态学，二是动力学，当然第三就是两者的结合。"

"所谓形态学、动力学，其实很好分辨，任何涉及背驰的，都是动力学的范围，背驰是动力学的基本点之一。另外，中枢、走势的能量结构之类的东西，也属于动力学。而形态学，就是中枢、走势类型、笔和线段之类的东西。"

"其实，光用形态学，就足以形成一套有效的操作体系。只是在形态学中，由于没有背驰的概念，所以第一类买卖点是抓不住了，但抓住第二类买卖点是肯定没问题的。单纯用形态学去操作，就是任何对最后一个中枢的回拉后第一个与回拉反向的不创新高或新低的中枢同级别离开，就是买卖段。"

"下面，本人给出一个懒人线路图：

分型—笔—线段—最小级别中枢—各级别中枢、走势类型。

上面几个东西，是形态学中最基本的，完全没有办法再简略了，所以无论多懒，如果真想学本人的理论，那请先把这几样东西搞清楚。"

"如果分型、笔、线段这最基础的东西都没搞清楚，都不能做到在任何时刻、面对任何最复杂的图形下进行快速正确的分解，说要掌握本人的理论，那纯粹是瞎掰。"

缠论技术分析形态学如图 1-3 所示。

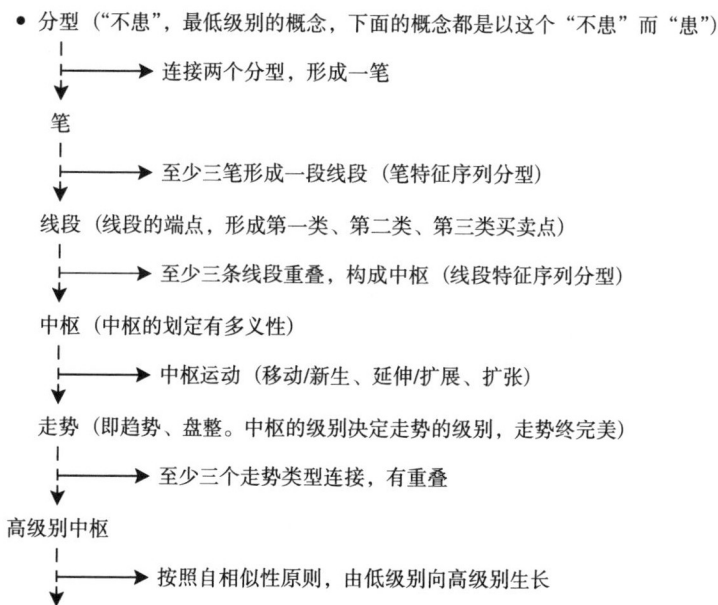

- 分型 ("不患"，最低级别的概念，下面的概念都是以这个"不患"而"患")
  ┃
  ┃━━▶ 连接两个分型，形成一笔
  ▼
  笔
  ┃
  ┃━━▶ 至少三笔形成一段线段 (笔特征序列分型)
  ▼
  线段 (线段的端点，形成第一类、第二类、第三类买卖点)
  ┃
  ┃━━▶ 至少三条线段重叠，构成中枢 (线段特征序列分型)
  ▼
  中枢 (中枢的划定有多义性)
  ┃
  ┃━━▶ 中枢运动 (移动/新生、延伸/扩展、扩张)
  ▼
  走势 (即趋势、盘整。中枢的级别决定走势的级别，走势终完美)
  ┃
  ┃━━▶ 至少三个走势类型连接，有重叠
  ▼
  高级别中枢
  ┃
  ┃━━▶ 按照自相似性原则，由低级别向高级别生长
  ▼

图 1-3 缠论技术分析形态学示意图

由此可见，形态学就是由笔、线段、中枢、走势类型所组成的。它在形态上反映的是买卖双方的心理轨迹，此点已经足够了。无论如何，应当学会形态学，不能越过。这犹如练武，若马步没学会，就不能练好武功。如果没有形态学，动力学怎样学呢？

若学会了形态学，还是不能运用。最终运用的是力度，也就是背

驰，当然目的就是完全分类。而形态学与动力学相辅相成，在学习的时候不能很严格地区分。

缠论还强调一点：其中的技术重点并不是形态学，而是动力学。

"形"指的是形状，世间万物都有形状，并且这些形状均依照着自身的规律成长和构造，最后是必将完成的，股市的股价运作走势也是这样。当然，形状在其构造过程中，或是当下时，通常具有不完整性的特点。在它不完整时，就会使人困惑或者在按原有经验猜想将来形态模样的时候，到底将来完整"形"会如何呢？

缠论指出的第一个问题是："如果有了这种猜想，多半是要犯错的，如果是炒股的话，多半是会失败的。如果失败了，做总结时会发现：一是过往经验不一定正确，原来有的形态，未来不一定完全与之相同，即世上没有完全相同的两片叶子；每个人都是独一无二的。股市里形态也是如此。由此也证明了，在操作时，完全以股价的形态构造为参考，往往是要犯错误的。至少是个片面性的错误。二是既然世间万物形态构造皆有规律，那么股价构造出的形态应该也有其内在规律吧？如何处理和消除当下形态正在构造过程中的困惑，即当下的股票究竟该如何进行操作呢？"

缠论指出的第二个问题是："结合动态学中级别定位理论与背离理论可做回答：在已经定位好的某个级别内，在距离当下最近所发生的背离将暂时影响和制约该背离之后股价趋势的性质，而且促使其构造完成该趋势。若是顶背离了，那么当下开始的股价运作形态将朝下跌趋势进行构造；反之，底背离之后，股价形态构造将向上升趋势形态构造，而且终将构造完成。"

这就是缠论的形态学和动力学的原理。

第二章 缠中说禅的分型法则

缠论技术就是非线性的现代几何学，在证券市场严格递归应用。该技术对市场进行了完全的分类，这与很多传统的技术和指标有很大的区别。但这为技术理论界带来了新的角度。缠中说禅在吸收了各大技术的优点之后，加上他本人对市场的认识，便形成缠论所谓市场哲学的数学原理。

缠论的分型法则是技术分析中的最基础部分，又是非常关键的法则，它来源于 K 线组合的一个完全分类。最先提出分型概念的是诺贝尔奖获得者比尔·威廉姆斯，他在《证券混沌操作法》中，把分型称为上分型与下分型，缠中说禅对它优化之后，称为顶分型与底分型。

实际上缠论真正想告诉交易者，可以通过一套严密的分型方法，准确地告诉交易者当下应该做什么。

一、分形几何和分型

1. 分形理论

根据传统欧几里得几何学，各门自然科学总是将研究对象想象成

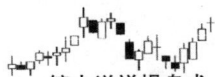

一个个规则的形体——点、直线、圆、椭圆和锥形等，而人类生活的世界是一个非常复杂的世界，与欧几里得几何图形相比较，拥有完全不同层次的复杂性——坑坑洼洼的地面、蜿蜒曲折的海岸线、变化多端的股票市场以及异常复杂的生命现象等，而分形几何就提供了一种描述这种不规则复杂现象中的秩序与结构的新方法。山川、菜花、树木、云朵、小麦、根系和树冠等都是一种典型的分形。

分形理论就是揭示世界的局部可能在一定条件下、某些过程中或者在某一方面（形态、结构、功能、时间、信息和能量等）能够表现出与整体的相似性，认为空间维数的变化既可以是分离的也可以是连续的，从而拓展了视野。它由美国数学家曼德尔布罗特所创造，用来描述不规则与残缺不全的几何图形。

所谓分形就是指几何图形在不同尺度上的重复，显示出越来越小的自相似图形。小的图形在某一种程度上与整体具有相似性，此规律是自然界中的正常的状态。

树叶的脉络看上去就像枝条，枝条看上去就像树。岩石看上去就像缩小的山峰，据说人的肺也是这样，还有海岸线等。

分形就是一种具有自相似特性的现象、图像或是物理过程。简单来说，**在分形中，每一组成部分均在特征上与整体相似。其核心在于自相似性，不同级别的图形基于微型递归法则产生同种结构的外形。**现代视觉艺术、音乐创作以及诗歌等部分都依靠于分形理论。

分形理论是非线性科学的一个主要分支，与混沌理论和孤立子理论一起称为非线性科学的三大前沿理论。然而它的本质却是一种新的世界观和方法论，为动力系统的混沌理论提供了强有力的描述工具，加上在系统科学中的其他运用，因此被当作一种重要的系统理论。

2. 分型与分形的区别

虽然分型与分形有一些相似之处，但是它们有很大的区别。缠中

说禅如此说："**注意，分型不是分形，分形理论，是数学的一个分支，有人用这分支的一些研究成果硬套到市场走势上，得出来的结论，没有太大意义。**本人理论的逻辑，是直接来源于市场走势本身，而不是一个先验的、市场之外的数学理论。至于这现实的市场逻辑显现出数学理论的结构，那是另一回事。"

确实如此，市场图形是分形思想的完美表达！也确实没有操作的依据，当然完全可以将分形思想补充进缠论的理论体系当中。

分型是专属于缠论的，对于操作而言，分型的定义对于缠论的体系并不处于核心地位，而是作为对市场走势分类的标准提出的。

因此分形与分型是不同的两个内容，缠论是交集，只能是这样。

3. 分型在技术分析中的重要性

分型是缠论准确定位的最基本工具。所谓分型，实际上代表着一个转折。假如从线段构成的角度来看，首先，就是将顶、底分型的左边与右边分别当作线段转折点两边的两笔。其次，上升 K 线与下降 K 线则当作两边不同方向的线段。最后，就是看分型之后是否能够延伸出符合标准的一笔及此笔什么时候结束。笔，从走势构造的角度来看，是用来描述线段以下级别的走势的。假如最低级别是 1 分钟，则线段就是 1 分钟的次级别走势，1 分钟的次级别以下走势全部都用笔来描述。若在分析中将较大的级别也用分型与笔来描述的话，就会出现用平面的角度来看立体的走势的情况。缠论之所以会强调所谓的分型、笔、线段只在最低级别存在，归根结底，这就是一种向下递归的方法，是因为次级别的图很难得到，才用走势的基本规则向下测量出走势的近似方法。那些在日线上划分线段的高手，大概只能在月线以上级别才能准确地描述走势吧。

缠论运用几何对趋势进行推理，采用了各个级别的趋势信息，各级别相互论证，立体推论，是否能够很好地把握了图形的技术信息，而通过基本面基本逻辑的分析，我们又从技术之外进行了相互论证，价值面的分析则又从另外一个层面论证股市，这样是否就实现了立体科学合理地掌握股市呢？因为在大级别图形中，没有几笔，所以分型理论极其重要。

二、关于分型的要素

"分型"来源于对 K 线图表的观察与分析，缠论将它定义为：**三根相互不重叠的 K 线，中间的一根 K 线比前后的 K 线的高点更高或者更低。**

1. 分型的意义

"分型"作为交易行为的一个特征，代表着多空双方交战在某一时间结构中的极点。所以，在各时间结构的图表中，走势出现的转折点一定都是由分型构成的。简单来说，**就是没有顶分型，没有顶，没有底分型，没有底。**这点，在任何时间结构的图表中，都是成立的，无论是 1 分钟、日线，还是年线。

分型在缠论中有两种意义：

一是在走势类型的分解中，被当作分解的起点。由于走势分解的递归函数 $f(x)$，是以三段线段的重合来定义的。线段至少是由三笔所构成的，而一顶分型与一底分型连接才构成一笔。缠论有两个"不患"：①走势必完美，就是走势必然可以分解为盘整与趋势的连接。②所有的顶都是顶分型，所有的底都是底分型，这两个抽象的理论需要在现实的图表中清楚地表达，这才有了笔和线段这样的基础定义。

二是在判断大级别走势出现转折时，分型作为大级别转折的特征

必须密切地关注。日线上的分型，至少代表了大级别的力量（多或空）的激烈较量，比如最近两天的走势。通常来说分型有两种：构成笔的与不构成笔的，不构成笔的分型通常成为中继分型，中继分型后面再出分型，此分型成为真正转折的可能性非常大。

2. 分型的概念

缠论中分型的概念是：**相邻三根 K 线构成，中间一根 K 线在顶分型时高点与低点都是最高的，而在底分型时其高点与低点都是最低的。**

缠论是通过 K 线来对分型加以定义，一共有四种分型，**分别为顶分型、底分型、下降 K 线、上升 K 线**。其中 K 线不分阴阳线，只看 K 线高低点。具体的形态如图 2-1 所示。

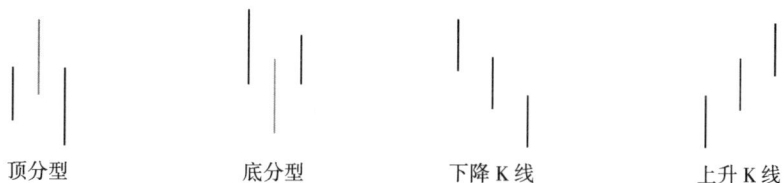

顶分型　　　　　　底分型　　　　　下降 K 线　　　　　上升 K 线

图 2-1　分型的具体形态

（1）顶分型。三根 K 线中，中间一根 K 线的最高点是三根 K 线中最高的。

（2）底分型。三根 K 线中，中间一根 K 线的最低点是三根 K 线中最低的。

（3）下降 K 线和上升 K 线。下降 K 线和上升 K 线可以是三根，也可以是多根。图形仅仅是表示一种趋势。

必须注意：**分型定义中的 K 线是经过处理的，并不是股票走势图上的 K 线**。要想获得缠论中分型 K 线，就要对股票走势图上的 K 线加以包含关系的处理：相邻两根 K 线存在包含关系的时候，在向上趋势中，把两根 K 线的最高点当作新 K 线的高点，把两根 K 线低点中的较高点当作新 K 线的低点；在向下趋势中，恰好相反，把两根 K 线的最低点当作新 K 线的低点，把两根 K 线高点中的较低点当作新 K 线的高点。通过上述的处理之后，就形成一根新的 K 线，假如后面一根 K 线与这根新 K 线依然存在包含关系，那么需要用这根新 K 线与后面这根 K 线再进行处理，从而获得新的 K 线。

3. 分型的条件

（1）旁边两根 K 线必须与除中间那根 K 线之外的周围 K 线进行包含关系处理，一直到满足标准形状。

（2）相邻两个分型，底分型中间 K 线的高点不能高于顶分型中间 K 线的高点；同样如此，顶分型中间 K 线的低点不能低于底分型中间 K 线的低点。

4. 分型适用范围

（1）分型能够运用在所有等级的 K 线图上，即小到 1 分钟 K 线图，大到年线 K 线图，上面的 K 线都能用缠论的分型定义加以分型。

（2）分型能够运用在笔、线段上，即通过几何图形的变化，依然能够进行分型，这方面的内容后面再分析。

5. 分型的关键点位

（1）支撑位置。分型两边 K 线中，顶分型为最低点，底分型为最高点。

（2）分型位置。分型中间 K 线中，顶分型为最高点，底分型为最低点。

（3）有日分型就以日分型为主。日分型没有形成就以 60 分钟分型为主，这样依次类推。

三、K线的包含关系和处理

缠论是在数学式的准确定义基础上依照纯逻辑推导出来的，所有不规则的东西应当首先进行规范。**因此，在定义分型之前，必须先处理一种不规则的情况——相邻K线之间的包含关系。**

1. K线的包含关系与非包含关系的K线完全分类

（1）K线的包含关系。

K线的包含关系是指相邻的两根K线，一根K线的高低点全都在另一根K线的范围内，如图2-2所示。

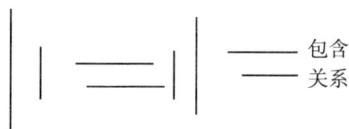

图2-2 K线的包含关系

从上面的定义能够看出，相邻的两根K线，无论谁包含谁，都是包含关系。

对有包含关系的K线合并以后，一切K线图都能够处理成没有包含关系的图形。

（2）非包含关系的三根相邻K线组合的完全分类。

非包含关系的三根相邻K线可以分为四类：上升K线、顶分型、下降K线以及底分型，如图2-3所示。

2. K线包含关系的处理

相邻两根K线有包含关系的时候，必须按照下面的规则把这两根K线合并成一根新K线（不过，合并之后的K线很难画在走势图上，

上升 K 线　　　　顶分型　　　　下降 K 线　　　　底分型

图 2-3　非包含关系的三根相邻 K 线的类别

只能画在你的心里）。

（1）当"向上"的时候，将两根 K 线的最高点作为高点、两根 K 线低点中的较高者作为低点，从而将两根 K 线合并成一根新的 K 线，如图 2-4 所示。

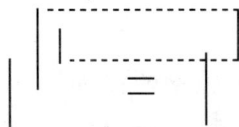

图 2-4　"向上"时合并新的 K 线

（2）当"向下"的时候，将两根 K 线的最低点作为低点，两根 K 线高点中的较低点作为高点，从而将两根 K 线合并成一根新的 K 线，如图 2-5 所示。

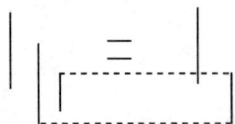

图 2-5　"向下"时合并新的 K 线

这里的所谓"向上"或者"向下"，指的是出现包含关系前的 K 线排列，严格的数学定义如下：

假如，第 n 根 K 线满足第 n 根与第 n + 1 根的包含关系，而第 n 根与第 n − 1 根不是包含关系，那么，若第 n 根 K 线的高点大于第 n − 1 根 K 线的高点，就称第 n − 1、n、n + 1 根 K 线是向上的；若第 n 根 K 线的低点小于第 n − 1 根 K 线的低点，就称第 n − 1、n、n + 1 根 K

线是向下的。

3. K 线包含关系处理的顺序

在 K 线的包含关系中，必须遵守结合律，然而有的 K 线不符合**传递律**（即第一根与第二根 K 线是包含关系，第二根与第三根也是包含关系，可是并不意味着第一根与第三根就有包含关系）。

所以，在 K 线包含关系的分析中，必须遵守**顺序原则**：先运用第一根和第二根 K 线的包含关系确认新的 K 线，接着用新的 K 线和第三根 K 线比，假如有包含关系，继续运用包含关系的法则结合成新的 K 线；假如没有，就按照正常 K 线去进行处理。

举一个例子，如图 2-6 所示，中间的 K 线 A 最长，好像与前后有"很多的包含关系"，然而正确的处理方法是：

A1 A2 A A3　A4

第一次包含处理：参照 A1 和 A2 的关系，取向上包含

第二次包含处理：参照 A2 和第一次合并后 K 线的关系，取向上包含

图 2-6　K 线包含关系处理

第一次包含处理的方法是：先将 A2 与 A 合并，因为 A2 高点>A1 高点，是"向上"包含，所以，取高点中的高点，低点中的高点。

第二次包含处理的方法是：合并之后的新 K 线与 A3 还有包含关系，就要继续合并。因为新 K 线高点>A1 高点（这时，A2 与 A 已经合并成"新 K 线"，就用新 K 线与 A1 相比），是"向上"包含，因此，依然取高点中的高点，低点中的高点。

总的来说，K 线包含处理法则为：

（1）确定合并方向。A1 与 A2 没有包含，A2 与 A3 有包含，如果 A2 比 A1 高就取向上包含；如果 A2 比 A1 低就取向下包含。

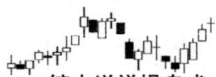

（2）确定合并高低点。如果向上包含，取两根 K 线中高点最高当作高点，低点最高当作低点；如果向下包含，取两根 K 线中高点最低当作高点，低点最低当作低点。

（3）确定合并顺序。A2 与 A3 有包含，首先合并 A2 和 A3 得到新的 K 线，再与 A4 比，如果有包含就要继续合并。

4. 多根 K 线顺次包含的合并

所谓多根 K 线顺次包含是指：如果第一根 K 线与第二根 K 线有包含关系，合并之后的新 K 线与第三根 K 线依然有包含关系，以此类推，此现象则是"多根 K 线顺次包含"。

多根 K 线顺次包含的处理，可以按照上面所说的顺序原则和方法，逐个加以合并。

另外，还有一个简单的方法。

由于 K 线的包含关系要遵守"结合律"。即对于任意的 A、B、C，若 $A+(B+C)=(A+B)+C$，那么这个"+"的运算就满足结合律。

将结合律推展开来，就能够看到：

对于顺次包含的多根 K 线来说，运用 $[di, gi]$ 记作为第 i 根 K 线的最低与最高构成的区间。

（1）若向上的时候，顺次 n 个包含关系的 K 线组，等同于 $[\max(di), \max(gi)]$ 的区间对应的 K 线，简单地说，这 n 根 K 线，与最低最高的区间为 $[\max(di), \max(gi)]$ 的 K 线是一回事。

（2）若向下的时候，顺次 n 个包含关系的 K 线组，等同于 $[\min(di), \min(gi)]$ 的区间对应的 K 线。

譬如，当 n = 2 时，则是两根包含关系的 K 线合并，取这两根 K 线高点的最大值、低点的最大值，便合并成了新的 K 线。

当 n = 3 时，取 A2、A、A3 三根 K 线高点的最大值、低点的最大值形成的新 K 线，与按照顺序原则逐步合并出来的 K 线是相同的结果。

5. 精确度的问题

在实际操作中，所取的精确度不一样，通常会影响到 K 线包含关系以及分型、笔、线段的确认与划分。

至于精确度，最严格的标准就是精确到小数点后两位；但也能够取整数并对小数部分四舍五入；而缠论在教材中由于只是示范，为了方便大家学习，一直都取整数。

缠论曾这样讲道：

"这没有什么必然性，只是预设的前提，你可以采取严格到小数后两位的精确度，但其实不同软件，对 1 分钟这么精细的图，都会有数值上的细微差别，所以，所谓的精确，往往不一定就是，在这么快速变动的市场中，数值有点细微差别，其实没什么不同……"

"没有什么精度是十全十美的……"

"……各位可以根据自己的情况来调整。"

可是有一个准则是：

"所有预设精度，唯一必须遵守的，就是精度一旦预设，就一定要一路保持。"

"关键是要统一，不要变来变去。"

6. K 线包含关系处理的案例

我们从上证指数月 K 线图找几个案例来分析一下。

【案例 1】

在图 2-7 中，K1 与 K2 并没有包含关系，而且它们是向上的，K2 与 K3 是有包含关系，所以，取 K2、K3 的最高点与低点中的高点，合并成为新的 K 线。新 K 线与 K4 之间没有包含关系。

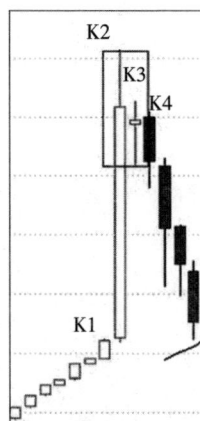

图 2-7　案例 1 示意图

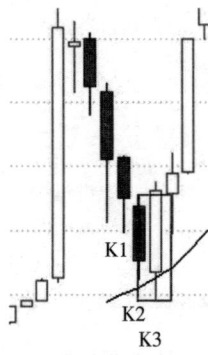

图 2-8　案例 2 示意图

【案例 2】

在图 2-8 中，K1 与 K2 并没有包含关系，而且它们是向下的，K2 与 K3 有包含关系，所以，取 K2、K3 的最低点与高点中的低点，合并成为新的 K 线。

【案例 3】

在图 2-9 中，看起来比较复杂，但事实上，K1 的区间为 [913.74，1339.10]，K2 的区间为 [915.59，1392.62]，并没有包含关系，而且它们是向上的。K2 与 K3 有包含关系，并向上包含，所以，取 K2、K3 的最高点与低点中的高点，合并成为新的 K 线。

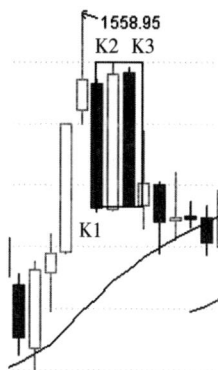

图 2-9　案例 3 示意图

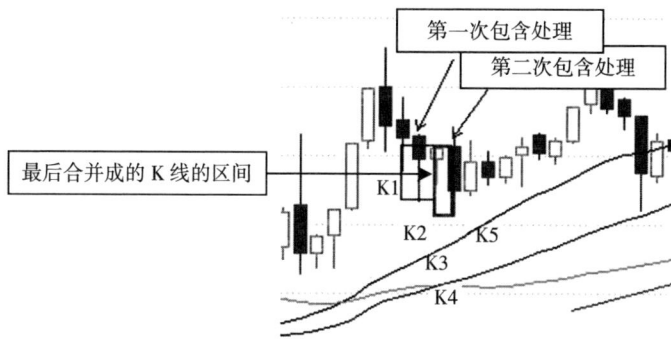

图 2-10　案例 4 示意图

【案例 4】

在图 2-10 中，K1 与 K2 并没有包含关系，而且它们是向下的。K2 与 K3 有包含关系，K3 与 K4 也有包含关系，而 K2 与 K4 并没有包含关系，由此能够看出"包含关系不符合传递律"。

在熟练之后，我们能够直观地看出 K2、K3、K4 是顺次包含的，所以，我们运用两种方法进行处理。

（1）根据顺序原则，一步一步地进行合并。

第一次包含处理是：先将 K2 和 K3 进行合并，由于它们向下包含，所以，取低点中的低点与高点中的低点。

第二次包含处理是：合并之后的新 K 线与 K4 还有包含关系，因为新 K 线与 K1 相比，是向下的，因此，依然取低点中的低点与高点中的低点。最后合并成的 K 线的区间如图 2-10 所示。

（2）根据"多条顺次包含 K 线"的合并方法。

因为 K2 与 K1 相比，是向下的，所以，对于 K2、K3、K4 三根 K 线来说，取低点中的低点与高点中的低点，合并成为新的 K 线。

从图 2-10 中能够看出，这两个方法的结果是相同的。

合并之后的新 K 线与 K5 没有包含关系，所以，这一部分的处理暂时告一段落。

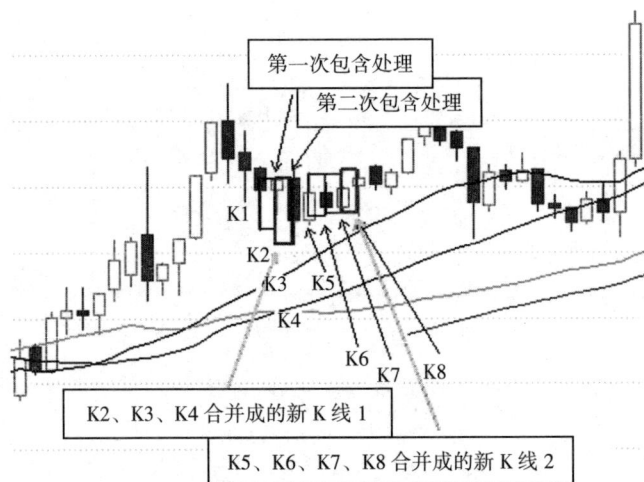

图 2-11　案例 5 示意图

【案例 5】

图 2-11 是案例 4 的延续。

在案例 4 当中，我们已经将 K2、K3、K4 合并成为"新 K 线 1"，K5 与"新 K 线 1"并没有包含关系，而且是向上的。

但 K5、K6、K7、K8 是多根 K 线顺次包含的关系，所以，我们必须要继续对它们按照顺序原则加以合并，也可以根据"多条 K 线顺次包含"的合并方法，将它们合并成为"新 K 线 2"。

综合案例4和案例5，从K1到K8的8根K线，通过合并，我们可以看成只剩下3根K线：K1、"新K线1"以及"新K线2"。

四、关于顶分型、底分型

顶底分型是缠论技术分析的基石，也就是缠论操作股票的最基本的元素，因此首先要将它弄清楚。如果不弄清顶底分型，就谈不上笔、线段的生成，况且还有后面的其他内容。那么，这个顶底分型是如何形成的呢？

通过彻底合并处理之后的K线图，必须不存在有包含关系的K线，只为顶底分型打造唯一的K线。

连续三根K线，中间的高点是三者的最高点，中间的低点也是三者的最高点即为顶分型形态；相反，连续三根K线，中间的高点是三者的最低点，中间的低点也是三者的最低点即为底分型形态。

1."顶"和"底"

（1）顶。**顶分型的最高点称为该分型的顶**（见图2-12）。

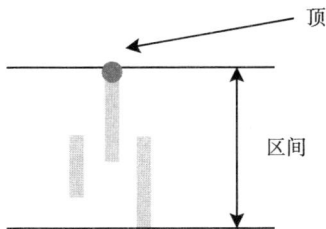

图2-12 顶分型

（2）底。**底分型的最低点称为该分型的底**（见图2-13）。

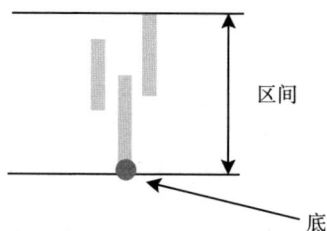

区间

底

图 2-13　底分型

因为顶分型的底与底分型的顶是没有意义的，所以顶分型的顶和底分型的底可以简称为顶与低。也就是说，下文所讲到的顶和底，则分别是讲顶分型的顶与底分型的底。

按照定义将所有的包含关系处理以后，对于任何图形都能够准确无误地、按统一的标准去找出所有的分型。

2. 顶分型与底分型的意义

顶分型中间的高点与底分型中间的低点具有很重要的市场意义，由于顶底分型形态的形成一定存在着市场买方分力与卖方分力的三次较量，经过一而再、再而三、三而竭的过程最终才能形成。

（1）实际上，分型与走势类型就是自相似性。自相似性结构用处非常大。一个很简单的结论就是：所有的顶应当都是顶分型的；相反，所有的底必须是底分型的。如果下一个结论，就可以立即推出这个正确的结论：**没有顶分型就没有顶；相反地，没有底分型就没有底。** 当然，在实际操作中，假如在操作级别的K线图上，没有顶分型，那么你就能够持有，等待顶分型出来再说。

（2）一个顶分型之所以成立，则是卖的分力最终击败买的分力，然而其中买的分力要经过三次努力，而卖的分力要经过三次阻击。用最标准的已通过包含处理的三根K线模型：第一根K线的高点，被卖的分力阻击之后，出现回落，此回落则出现在第一根K线的上影部分

或者是第二根 K 线的下影部分，而在第二根 K 线，出现一个更高的高点，而此高点明显地与第一根 K 线的高点中出现买的分力，必须在小级别上出现力度背驰，进而至少制造了第二根 K 线的上影部分。最终第三根 K 线就会再次继续进行一次买的分力的攻击，然而这个攻击完全被卖的分力所打败，因而不能成为一个新高点，在小级别上，大概会出现一种第二类卖点的走势。

由此可见，一个分型结构的出现，就像走势中枢那样，必须经过一个三次反复心理较量的过程，而走势中枢运用的是三个次级别走势。所谓一而再、再而三、三而竭，一个顶分型便这样出现了，如图 2-14 所示。

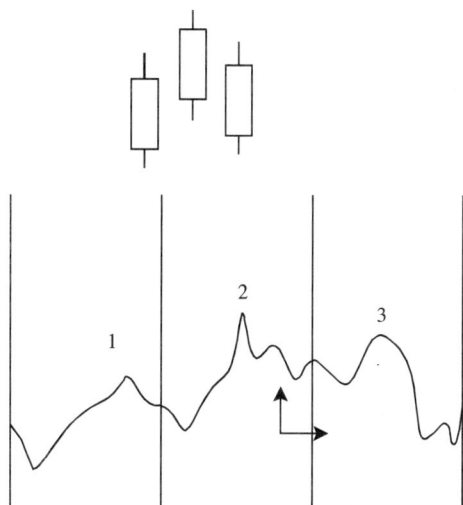

图 2-14　顶分型分解

3. 顶分型与底分型的操作要点

分型形成之后，后面则是两种走势结构：

（1）成为中继型的，但没有笔的形成。广义地讲，就是看是否突破 5 周期均线，对于日线级别的顶分型来说，就是看是否有效突破 5 日均线。准确地讲，**是看这个分型所对应的小级别中是否出现第三类**

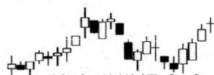

买卖点，并且其后是否出现中枢移动。根据日线级别的顶分型就看 5 分钟级别的第三类卖点出现之后，有没有一笔去破坏这个顶分型，这一笔就是 5 分钟的，假如没有破坏的话，那么日线级别的顶分型一定会延伸成为笔（日线下跌的笔）。这是缠论必须保证的。

（2）延续成为笔。此种情况最好办，对于日线级别操作出来之后等待就是了，一直到日线级别底分型出来再进入。

在顶分型卖出之后，假如确认是中继型的，那么回补就行了，假如不是中继型的，那么就等待笔的结束再说。

中继顶分型之后，再继续向上的走势，下一个是中继顶分型的概率大大地减少，也就是说是真顶分型的概率在增大。

这就是缠论所说的汽车刹车系统的点刹，开过车的朋友都懂得，刹车没有一脚刹住的，都是点两下才能刹住，此时不走更待何时。

换一句话来说，**有两个关键的问题：一是顶分型形成之后，是否可以转化为中继型分型？二是底分型形成之后，是否可以确认为标准型分型？**

K 线组合简单明了，实战中必须要重视，特别是顶分型与底分型的组合，则是缠论的一个技术要点。

简单地说，顶分型操作与底分型操作的要点如下：

顶分型操作要点：

（1）顶分型出现之后，寻找该顶分型的支撑位置。

（2）确认分型不能生出新笔：分型之后的 K 线不能有效跌破支撑位置之下。

（3）假如有效跌破该支撑位置就要退出，由于这样顶分型基本上就会延伸出新的向下笔。

（4）辅助判断方法。一是小级别走势的第二类卖点后出现盘整底背驰，那么该顶分型为中继型分型的可能性很大。二是不能有效地跌破该级别 5 日均线，不能生出新向下笔的可能性很大。

底分型操作要点：

（1）底分型出现之后，寻找该底分型的支撑位置。

（2）确认分型延伸出笔成立，分型之后的 K 线突破支撑位置后收于该支撑位置之上，后面的 K 线跌破该位置后紧接着的 K 线又收于该支撑位之上（即无有效跌破）。

（3）有效地跌破该支撑位置，就必须退出，由于分型基本上是中继型分型，走势将会继续探底。

（4）辅助判断方法。一是与小级别走势相结合来判断有效站住的问题，假如发生顶背驰，这时所在高级别 K 线又不能回到支撑位置，那么择高出局。二是看该级别 5 日均线，不能有效站住，也应该择高出局。

五、分型操作方法

下面是五种分型操作方法：

（1）最具有杀伤力的顶分型。通常来讲，在非包含关系处理之后的顶分型中，如果第三根 K 线跌破第一根 K 线的底而且不能高收到第一根 K 线区间的一半之上，则是最弱的一种，即这种顶分型具有较强的杀伤力；底分型则相反。

（2）较大杀伤力的顶分型。假如第二根 K 线是长上影甚至就是直接的长阴，而第三根 K 线不能以阳线收在第二根 K 线区间的一半之上，则该顶分型的力度就比较大，最终要延续成笔的可能性就很大。假如里面存在一个包含关系，而这包含关系是直接将阳线以长阴线吃掉，则是最坏的一种包含关系；底分型则相反。

（3）中继型。假如第一根 K 线是一根长阳线，而第二根、第三根 K 线均是小阴、小阳，则这个分型结构就没有太大的意义了。在小级别上，必须呈现出小级别中枢上移后小级别新中枢的产生，通常来讲，此顶分型成为真正顶的可能性极小，大多数都是中继型的。

（4）如何有效地判断顶分型。譬如对日线上的顶分型，是否有效地跌破 5 日均线，则是一个判断顶分型类似走势最好的操作根据。周线顶分对应的是 5 周线。相反，能够有效地判断底分型。

（5）要结合小级别的走势。必须注意，大级别的分型与某小级别的第一类、第二类买卖点并非是绝对的对应关系，有前者必须有后者，然而有后者并不一定有前者，因此前者仅仅是一个辅助。

关键就是结合小级别的走势，在当下去确认这个卖点。然后第二天的回补关键看 5 日均线是否有效跌破，而判断的关键在小级别的是否盘整背驰上。

通常来说，将分型与小级别走势类型结合起来进行操作，比如日线与 5 分钟。假如一个小级别的中枢震荡中连日 K 线均没出现顶分型结构，则这个中枢震荡就没必要走了，后者就算打短差也要控制好数量，由于没有分型，便意味着走势还没有结束，随时都会产生新高，因此不要着急。一旦顶分型成立，一定对应着小级别走势的第一类、第二类卖点，接下来，关键看新形成中枢的第三类买卖点的问题：通常情况下，若是中继的，都是第三类卖点之后形成中枢扩展，也就是说，有一个很好的盘整底背驰让你重新进入。只有如此，运用分型搞了一个美妙的短差，又不浪费其后的走势，这就是一个较为及格的操作了。

下面是分型操作方法示意图：

顶分型的强弱分析如图 2-15 所示。

一个完全没有包含关系的分型结构，意味着市场双方都是直截了当。

包含关系（只要不是直接把阳线以长阴线吃掉）意味着一种犹豫、一种不确定的观望等。

一般在小级别上，都会有中枢延伸、扩展之类的东西。

在小级别上，一定显现出小级别中枢上移后小级别新中枢的形成，一般来说，这种顶分型，成为真正顶的可能性很小，绝大多数都是中继的

第二根 K 线是长上影甚至就是直接的长阴，而第三根 K 线不能以阳线收在第二根 K 线区间的一半之上，那么该顶分型的力度就比较大，最终要延续成笔的可能性就极大了

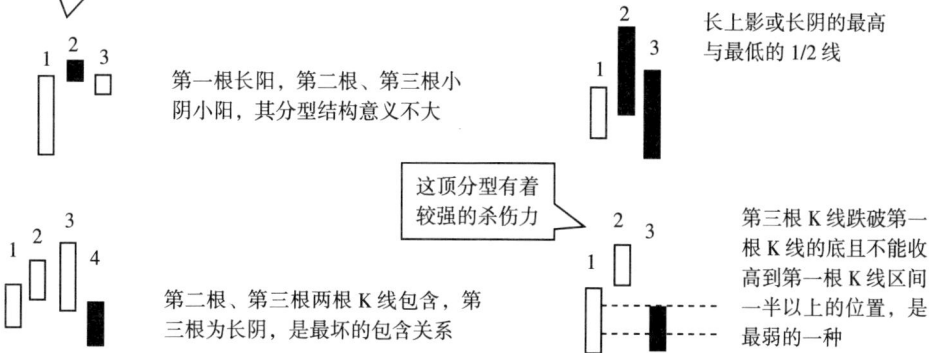

第一根长阳，第二根、第三根小阴小阳，其分型结构意义不大

长上影或长阴的最高与最低的 1/2 线

这顶分型有着较强的杀伤力

第二根、第三根两根 K 线包含，第三根为长阴，是最坏的包含关系

第三根 K 线跌破第一根 K 线的底且不能收高到第一根 K 线区间一半以上的位置，是最弱的一种

图 2-15 顶分型的强弱分析

底分型的强弱分析如图 2-16 所示。

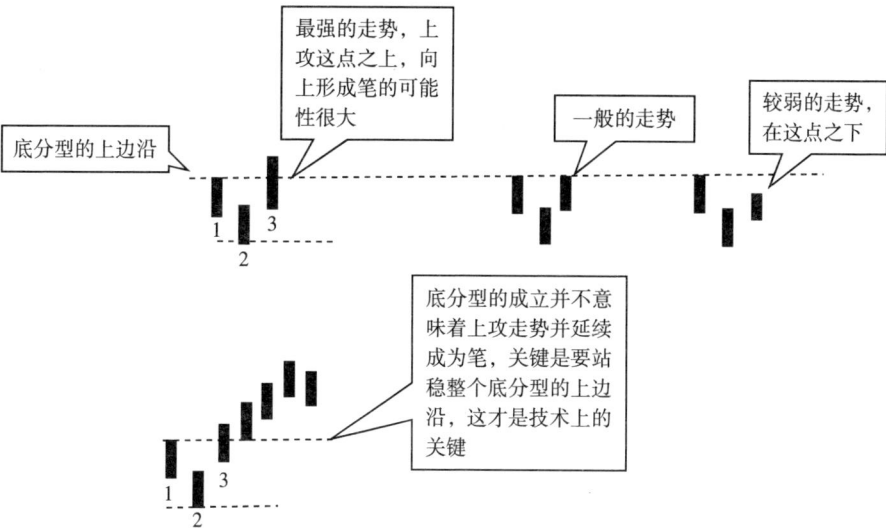

最强的走势，上攻这点之上，向上形成笔的可能性很大

一般的走势

较弱的走势，在这点之下

底分型的上边沿

底分型的成立并不意味着上攻走势并延续成为笔，关键是要站稳整个底分型的上边沿，这才是技术上的关键

图 2-16 底分型的强弱分析

第三章　缠中说禅的笔法则

缠论最伟大的理念就是"走势终完美"，如果不了解这一点，就不懂得缠论的核心内容。而"走势终完美"则是一种几何形态。这个形态就是由笔这个基础所构成的。一种最基本的几何形态是三笔和一线段，三线段构成一中枢，一中枢就是一走势类型，一走势类型则是一个"走势终完美"的具体表现。

笔是缠论中定义的很重要和最基本的概念。线段是在笔的基础之上加以定义和划分的。笔就是构成线段的直接要素，而线段则是直接构成中枢的要素。在大级别周期的图形上，交易者直接接触的则是笔中枢，也是交易者操作和观察的指向标。由此可见，笔就是缠论技术最基本的部分。

一、笔的相关基本概念

1. 笔的定义

缠论对笔是这样定义的：

两个相邻的顶和底之间构成一笔，这就是笔的基本定义。

通过分型来表示笔：

上升的一笔，就是从底连接到顶；下降的一笔，就是从顶连接到底。

2. 笔的规范要求

（1）**笔必须是由相邻的顶与底所组成。**

（2）**笔必须由顶底连接而成，而不是顶顶或者底底。**

（3）笔必须由三种分型所构成，即顶分型、底分型、上升 K 线或者下降 K 线，这些都不可缺少。缺少任何一个分型，都不能构成一笔。这是由笔的结构决定的，除了顶分型、底分型以外，中间的上升 K 线与下降 K 线也应该存在。缠论表述是"顶、底之间必须存在一根 K 线"。

（4）**顶分型、底分型分别由三根经过包含处理的 K 线而形成，对上升 K 线、下降 K 线就没有要求，可以是一根，也可以是无数根。**那么就能够获得最简单一笔的 K 线数量，就是说一笔应该是经过包含处理的七根 K 线组成，低于七根 K 线就不能算作是一笔了（若低于七根，或只有六根，则只能是顶、底，没有中间的上升 K 线、下降 K 线）。

（5）构成一笔的最小 K 线数量满足之后，由于上升 K 线、下降 K 线的最大数量可以是无数根，所以，构成一笔的最大 K 线数量在理论上可以是无数根。

通过 K 线来辨识笔是较为容易的，只要懂得了分型，可以对原始 K 线加以包含处理，严格地定义就行了。

3. 笔的顶底取舍

笔很容易混淆之处是出现连续的顶或者连续的底时选样去划分，这时候采取留强不留弱的原则，具体来说，有如下两条原则（从势能和时间先后来分析）：

（1）取高的顶或者低的底。

（2）同高同低的顶或者底，取最先出现的。

4. 笔的用处

笔是技术分析的基本工具，是过滤分型以下级别的工具，是对未完成的走势类型买卖点最小区间套的分析工具，笔的规则就是交易者既可以按照旧笔的规则，又可以按照新笔的规则，还可以按照交易品种自己设计规则，这些并不太重要，最重要的是应该要前后一致。

二、笔的结合律

笔的结合律是最基础的东西。从多条 K 线到构成一笔，这是缠论技术体系中的最基本部分。若这里理解有误，那么后面都会产生错误。虽然结合 K 线构成一笔的规律（笔的结合律）看图形极其简单，然而在多种与包含关系可能的结合之下，是极其复杂的。

以下是缠论有关定义笔的结合律的内容：

笔则是顶与底之间的其他波动，可以忽略不计，然而特别注意的是，必须是相邻的顶与底，相隔几个就不是了。线段指的是至少由三笔组成。然而还有一个细微之处必须分清楚，由于结合律是应该遵守的，比如，图 3-1 的 3 中，顶与底之间应该共用一根 K 线，它违背了结合律，因此它不算一笔；在图 3-1 的 4 中，只是顶与底了，中间没有其他 K 线，通常而言，也不能算一笔；在图 3-1 的 5 中，这就是一笔最基本的图形，顶与底之间还有一根 K 线。在技术分析中，都应当要求顶与底之间至少有一根 K 线构成一笔的最根本要求，如图 3-1 所示。

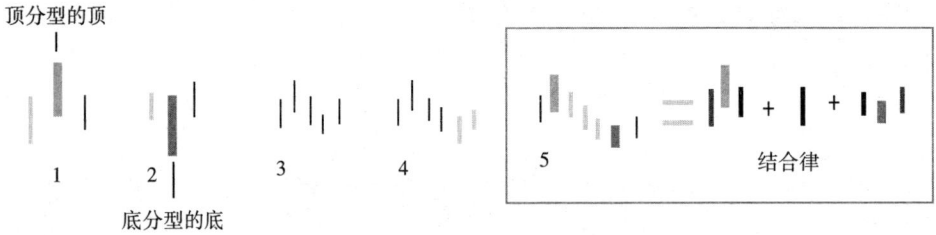

顶分型的顶

底分型的底

图 3-1　一笔

上升的一笔，按照结合律是：底分型+上升 K 线+顶分型，如图 3-2 所示。

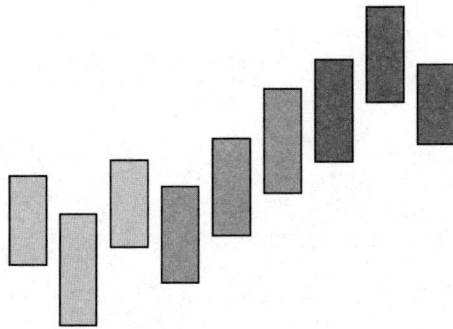

图 3-2　上升的一笔

同样地，下降的一笔，按照结合律是：顶分型+下降 K 线+底分型，如图 3-3 所示。

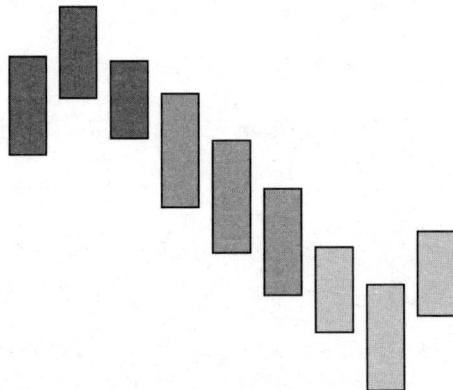

图 3-3　下降的一笔

三、如何确认当下的一笔

　　笔就是缠论定义过去与当下的最小级别或者最小元素。所谓"过去"指已经发生并且很难改变的事实；所谓"当下"则是指已经发生并且还在继续发生变化的事情。那么，我们从哪笔开始来区分过去与当下呢？当下的一笔，是最后刚刚形成并且还在发展的一笔。从笔级别来看，在这一笔前所有的笔都是"过去"的并且不会再有变化。而"当下"这一笔却还在发展，加上中阴状态里已经出现然而还没有确认入笔的 K 线，这则是笔级别的"当下"。当下结合"未来"所出现的新 K 线，能够发展成三种情况：

　　（1）新 K 线成为这笔的一部分，会继续延伸这笔。

　　（2）一切新出现的 K 线会继续中阴状态——继续不被确认入任何笔。

　　（3）这笔成为过去并且产生反向新的一笔。为此，运用临近的笔与线段，结合形态学对中阴状态的判断，能够帮助预测其中哪一种情况可能性最大，如图 3-4 所示。

随后出现的顶，与前面出现的底不能构成一笔。两个顶和顶，只能一个有效，假设 D 为顶有效，则前一个顶 B 为无效，而 A-B 为一笔已经确认，所以 D 不能为顶

E 的出现，可以确认第二笔为 B–C。但 C-E 能否成为一笔，还需等下面的走势确认

出现 G 后，明显前面 E 顶可以忽略不计，C-G 是否构成一笔？还需等下面的走势确认

C-H 是否构成一笔？还需等下面的走势确认

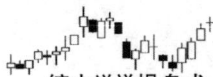

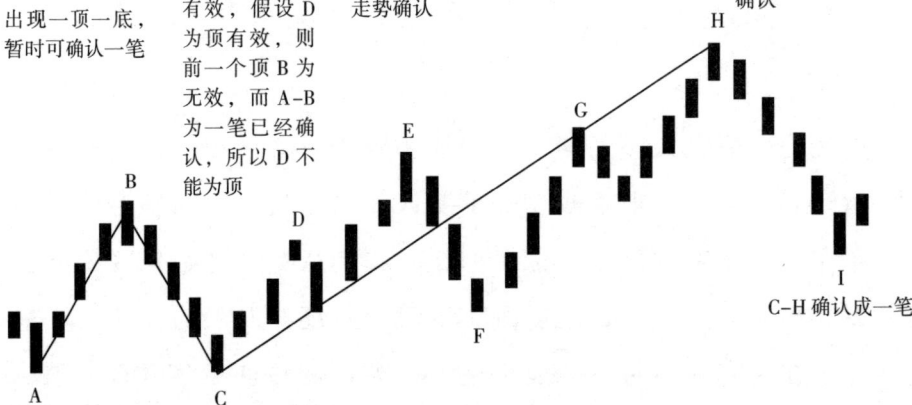

出现一顶一底，暂时可确认一笔

I

C-H 确认成一笔

接下来又出现一底，第一笔可以确认。第二笔有待走势完成后确认。C 的出现，保证了 B–C 可为一笔，后续可能的走势，出现新的底，则 C 可不算，B 点为顶可被确认；如果出现新的顶，则 C 和新的顶构成一笔，A-B 为一笔也可确认

出现 F 底后，E、F 只能一个有效。若选 F 为底有效，则前底 C 无效，所以 E 可以确认为顶，C-E 是否构成一笔？还需等下面的走势确认

图 3-4 如何确认当下的一笔

四、笔的划分

笔的划分相对比较简单，这并不是因为笔不严格，而是由于笔的组成是由最低级别的次级别以下所有级别所组成的，很难准确地观测到，因此只好作合并处理。分型从线段构成的角度来看，就是某级别的转折点，只要满足线段破坏的条件，就可以延伸出一笔。还有一种情况必须注意，假如这一笔所遇到的转折级别太小，不能被严格的笔定义所确认，那么这个转折忽略，这是笔与线段成立条件巨大的差

别——线段只要满足破坏条件就统统不忽略。

1. 笔的划分原则

正确的划分笔就是分析的起点，为此，必须明确几个边界条件和原则。

一是包含关系。大家都知道要进行笔的划分，首先必须处理 K 线的包含关系，然而包含关系并不是随便能够处理的，缠论给出这样处理包含关系的原则："上升的一笔，根据结合律，就一定是底分型+上升 K 线+顶分型；下降的一笔，就是顶分型+下降 K 线+底分型。"依据这一描述，可以更明确一点就是，分型间所有的 K 线组全部看作一个方向，为此获得 K 线包含关系的基本原则一：**在上升 K 线组之中，一切的包含关系向上进行处理，一直至顶分型成立；在下降 K 线组之中，一切的包含关系向下进行处理，一直至底分型成立。**

二是在寻找标准笔时，一般会遇到笔成立条件不足的情况，最常见的则是没有过渡 K 线以及顶、底互相包含了。从包含关系处理的方面来讲，缠论在此后明确地告诉我们：**底分型不能比顶分型高，顶分型不能比底分型低。**事实上是在讨论顶、底分型之间的包含关系。在缠论的技术分析中，几乎所有的元素均要鉴别包含关系，分型也不除外。因此，相邻的两个分型是应该讨论其包含的，所谓的包含，就是指区间的包含，要讨论分型的包含就应该运用与 K 线包含相同的方法，这就是 K 线包含关系的基本原则二：**在走势当中，一切符合条件的顶、底分型以及过渡 K 线组在处理包含关系时候都视作一根 K 线来处理。**

2. 笔的划分步骤

缠论提出了笔的划分的三个步骤：

（1）符合标准的分型。比如有 K 线包含关系，应当首先进行处理。

（2）分型是同一性质的，对于顶，前面的低于后面的，只保留后

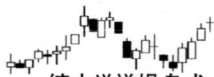

面的，前面那个可以消掉；对于底，前面的高于后面的，只保留后面的，前面那个可以消掉。不满足上面情况的，比如相等的，都能够先保留。

（3）经过步骤（2）的处理之后，余下的分型，假如相邻的是顶与底，则这就能够划为一笔。假如相邻的性质一样，那么一定有前顶不低于后顶，前底不高于后底，而在连续的顶后，必须会出现新的底，将这连续的顶中最先一个，与这新出现的底连在一起，则是新的一笔，而中间的那些顶，都消掉；在连续的底后，必须会出现新的顶，将这连续的底中最先一个，与这新出现的顶连在一起，则是新的一笔，而中间的那些底，都消掉。

很明显地，通过缠论上述的三个步骤，所有的笔都能够唯一地划分出来。

那么，我们是如何去理解缠论这三个步骤呢？

（1）应该解释为当划分向上一笔的时候，首先确定底，接着向上找顶，假如第一个顶低于第二个顶，那么只需要保留第二个顶，第一个顶便可以去掉。依据此规则，一直找下去，只是保留最高的顶。

（2）在满足两个条件的同时，还应该满足第三个条件，应当确定比较的两个顶之间是否有底，假如这个底分别可以与这两个顶形成笔，则第二条就不成立了，就不可以去掉其中较低的一个顶了，而是重新将顶进行比较。

（3）在向下一笔划分的时候，与向上划分一笔的情况正好相反，即确定顶之后，开始向下找底，第一个底高于第二个底的时候，去掉第一个底，保留第二个底，接下来一直比较下去。同时还必须满足第三个条件，比如两个底之间存在一个顶，并且与这两个底形成笔的话，就不可以去掉互相比较的底了。

3. 笔的划分实例

下面就是笔的划分 13 种实例，如图 3-5 至图 3-17 所示。

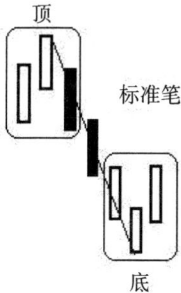

图 3-5　标准笔

顶底间没有独立
K 线不成笔

包含后没有独立
K 线不成笔

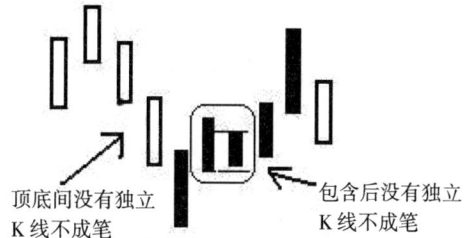

图 3-6　没独立 K 线不成笔

底在顶分型之上不成笔

图 3-7　底在顶分型之上不成笔

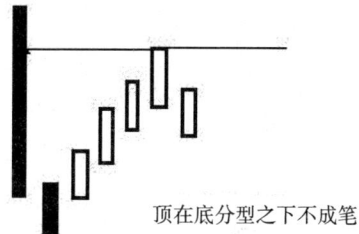

顶在底分型之下不成笔

图 3-8　顶在底分型之下不成笔

缺口 = 0
0 = 0 + 0 + 0 无数根 K 线

缺口破坏笔按笔算，
破坏线段按线段算

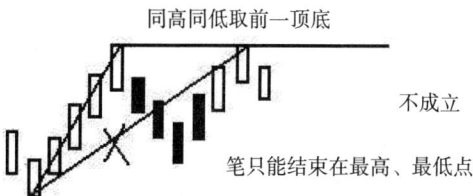

图 3-9　缺口破坏笔按笔算

同高同低取前一顶底

不成立

笔只能结束在最高、最低点

图 3-10　笔只能结束在最高点、最低点

特别的笔

成立

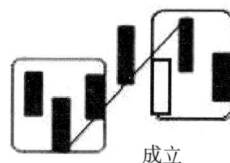

图 3-11　特别的笔五根 K 线

顶底间均有独立 K 线

成立

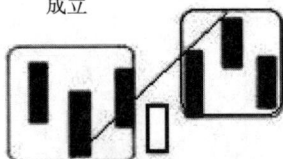

图 3–12　顶底间均有独立 K 线成立笔

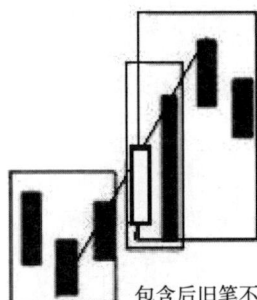

包含后旧笔不成立

图 3–13　包含后旧笔不成立

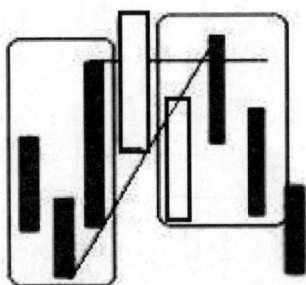

新笔可算一笔

图 3–14　新笔

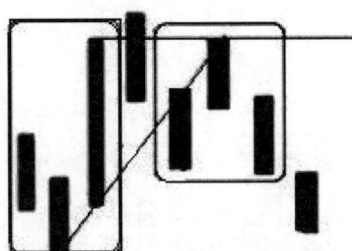

顶低过底分型，

新、旧笔都不成立

图 3–15　新笔旧笔都不成立

顶在底分型内

以上两图笔均不成立

图 3–16　笔不成立

底在顶分型之上

图 3–17　底在顶分型之上

五、新、旧笔的解析

1. 新笔的定义条件

缠中说禅对新、旧笔作出这样的定义：

"本人想了想，计算了一下能量力度，觉得以后可以把笔的成立条

件略微放松一下，就是一笔必须满足以下两个条件：

（1）顶分型与底分型经过包含处理后，不允许共用 K 线，也就是不能有一根 K 线分别属于顶分型与底分型，这条件和原来是一样的，这一点绝对不能放松，只有这样，才能保证足够的能量力度。

（2）在满足（1）的前提下，顶分型中最高 K 线和底分型的最低 K 线之间（不包括这两根 K 线），不考虑包含关系，至少有三根（包括三根）以上 K 线。显然，第二个条件，比原来分型间必须有独立 K 线的一条，要稍微放松了一点。"

旧笔的定义大家应该都能看得懂，也就是算上最高和最低 K 线至少五根 K 线，而且这五根 K 线之间必须互相不能包含而且是独立的，也就是顶底分型之间必须有一根 K 线分别不属于顶分型和底分型，这个是前提，而且这一点绝对不能放松。注意这里的这一点在定义（1）中所指的是什么，也就是"顶分型和底分型包含处理后的"然后才能去看新笔定义的，而新笔是在满足定义（1）基础上的，而这个基础就是必须是顶底分型包含后这个点的条件绝对不放松，而不是把这个点放松了，一定要注意，那么新笔的定义条件就是：

（1）处理完包含关系的顶底分型。

（2）在处理完（1）后两者中间至少有一根独立 K 线。

"这里在（2）里的两者之间至少有一根 K 线，两者是（向下笔为例）顶分的右侧 K 线和底分的左侧 K 线之间有一根 K 线，那么就符合缠论新笔定义中的不算最高和最低 K 线之间，不考虑包含关系至少三根 K 线的要求，所以一定要注意。"

从图 3-18 来看，并不是处于顶底间的 K 线都要包含的，则总结就是：找到顶底的最高、最低 K 线，接着顶底最高、最低 K 向左向右合并出顶底分型，接下来看顶底分型 K 线之间是否是三根 K 线，也就是说，是否有独立一根 K 线，而这独立的一根 K 线可以与分型的一侧

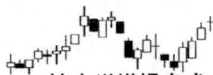

有合并关系，因此才是新笔。

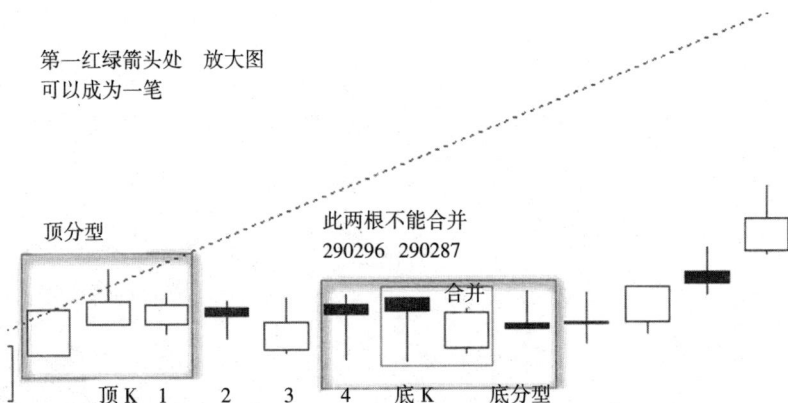

第一红绿箭头处　放大图
可以成为一笔

此两根不能合并
290296　290287

顶分型

顶K　1　　2　　3　　4　　底K　　底分型

合并

新笔定义的关键是什么？
是合并后的顶底分型。判断是否成笔很简单，就是找到两端点也就是高低点，之后从高低点开始往左右看直到合并出来顶底分型，之后再看顶底分型间是否有独立K线，有就是一笔，没有就不是。顶分型中间K线至少要有区间比三根底分型K线都高，底分型则反过来。

图3-18　新笔定义的关键

2. 新、旧笔定义的区别

想要在走势图上分笔，首先就要知道笔的定义，什么才是一笔呢？

比如，向上一笔必须是从底分型开始，到顶分型结束。而向下一笔必须是从顶分型开始，到底分型结束。一笔，至少包含一个顶分型与一个底分型。顶底分型之间，是否可以组成一笔，缠论有着明确的定义。

因为缠论后面修改了笔的划分方法，因此，这里就有旧笔与新笔的区别，对旧笔的要求就严格一些，对新笔就要求要少一些。

先讲一讲旧笔，一是顶底分型必须通过K线包含关系处理。二是顶底分型之间至少必须要有一根公共K线，而这根K线既不属于底分型，也不属于顶分型。三是顶底分型之间不可以有包含关系，此包含关系与K线的包含关系道理是相同的，只是K线看作一根K线与相邻K线是否有包含关系，而分型的包含关系，看作整个分型的区间（最

高点到最低点的距离），是否包含另一个分型的区间。满足上述的条件，则是一笔。

后来又有了新笔，**新笔应用起来更加方便，新笔与旧笔的区别是不必加以 K 线包含关系处理，只要顶底分型的顶与底之间至少有三根 K 线（不包括顶与底所在的 K 线）就行了，还有分型之间不可以有包含关系，满足这些条件，则是一笔。**

比如，没有存在"一对"包含 K 线，就是"旧笔定义"；如果存在"一对"包含 K 线，就是"新笔定义"。

下面是新、旧笔定义区别图：

旧笔定义如图 3-19 所示。

图 3-19 旧笔定义

新笔定义如图 3-20 所示。

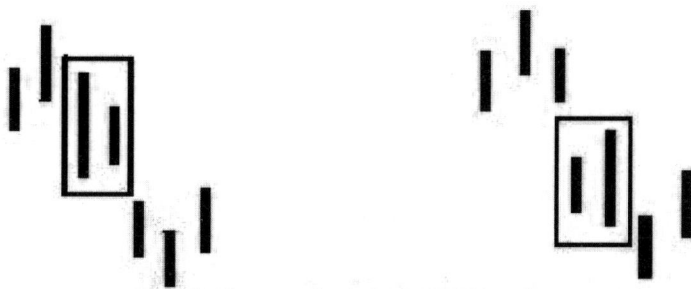

图 3-20 新笔定义

顶、底之间有包含，如图 3-21 所示。

顶有包含　　　　　　　　　　　底有包含

图 3-21　顶、底之间有包含

3. 新笔的划分

图 3-22 就是新笔划分图解，运用 KG 来表示顶分型最高那根 K 线，用 KD 表示底分型最低那根 K 线。BA 表示标准笔，C 不能构成笔，D 按照新笔宽松定义可以构成一笔。

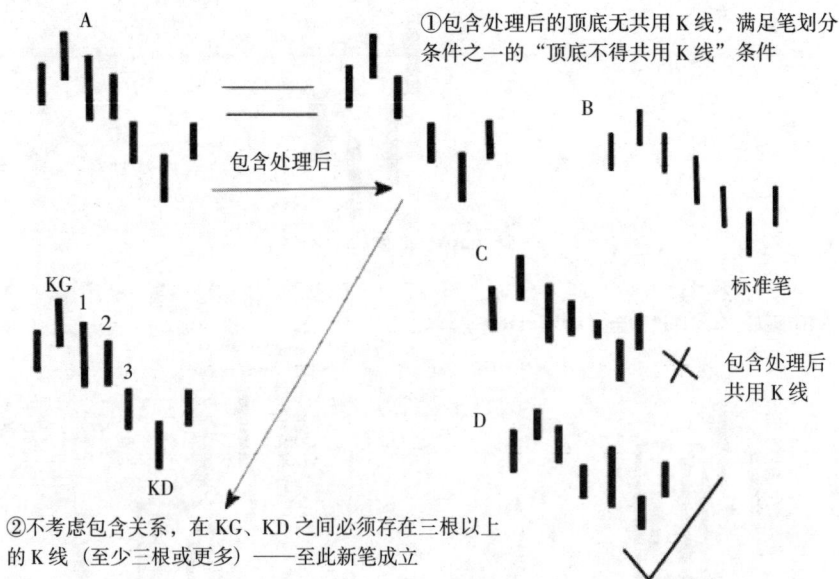

①包含处理后的顶底无共用 K 线，满足笔划分条件之一的"顶底不得共用 K 线"条件

包含处理后

标准笔

包含处理后共用 K 线

②不考虑包含关系，在 KG、KD 之间必须存在三根以上的 K 线（至少三根或更多）——至此新笔成立

图 3-22　新笔划分图解

不管是新笔还是标准笔，都是一笔，当然，新笔只是在原来笔的

定义基础上扩大了外延，从而使笔的划分变得更切合实际走势 K 线图。

总的来说，缠论认为，对笔处理在走势分解中必须要灵活处理。**原则非常简单：怎样分解对理解走势有利，就怎样处理。绝不要拘泥于所谓的"定义"。**无论它是新笔，还是笔，只要看着顺眼就可以了。

第四章　缠中说禅的线段法则

> 线段就是缠论技术分析中的起点，在线段内部又包括分型、笔的概念，所构成的一个线段在结构上具有很强的稳定性。
>
> 线段能够当作一段没有内部结构的次级别走势。不同的级别，等同于是运用不同倍数的显微镜去观察走势，在不同倍数显微镜下的世界是不一样的，然而实际操作走势的显微镜倍数不可能无限小下去。因此，线段重要的意义是：确定一个最低级别的线段，将其下的所有波动抹平。

一、线段的基本要素和作用

1. 线段的概念

（1）线段至少由三笔构成。线段的前三笔，必须要有重叠的部分。这就是缠论对线段作出的定义。线段的最基本形态如图 4-1 所示。

（2）最开始的一笔则决定线段的方向，若从向上一笔开始，则线段就向上；若从向下一笔开始，则线段就向下。

（3）构成线段的笔的数量必须是单数，即线段是从向上方向的笔开始，一定从向上方向的笔结束；同样如此，假如线段是从向下方向

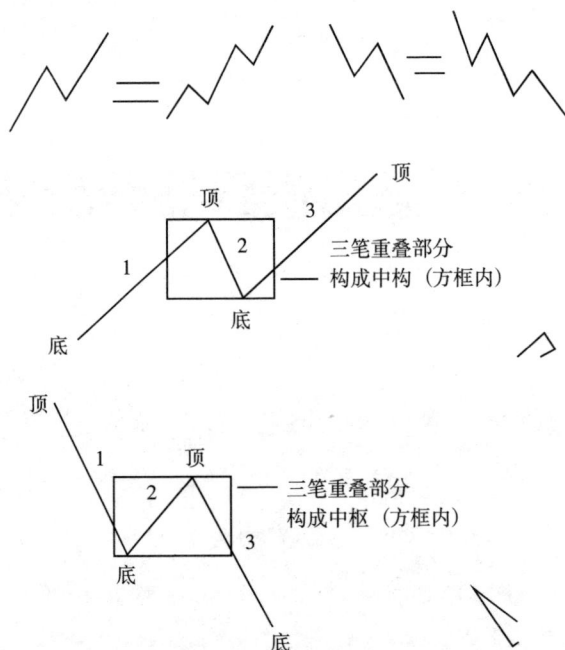

图 4-1　线段的最基本形态

的笔开始，一定从向下方向的笔结束。

（4）线段必然要被另一条线段破坏，即一条线段结束之后，一定连着另一条线段。一笔是不能结束一条线段的。换言之，**一个向上的线段一定连着一条向下的线段，向下的线段后面必须连着向上的线段。**

2. 线段的作用

缠论认为："用笔当成构成最小中枢的零件，但这样构造出来的系统，其稳定性极差。"

简单地说，构造一个"稳定性极差"的系统，没有任何的操作意义。

缠论还认为："**一切走势简化就是线段的连接。**"

并且他还指出："没有线段用什么去构建最基础级别的中枢？没有中枢用什么去构建走势类型？没有走势类型根据什么去对走势进行定

性分析？对走势不能进行定性分析，请问还能分析什么？对走势不分析请问买卖操作的理论根据是什么？是上帝告诉买卖的理由吗？"

由此可见，线段在缠论技术分析中占有极其重要的位置。

3. 引入线段的重要意义

缠论为什么引入线段？在没引入线段以前，中枢的定义就是三段重叠的次级别走势的重叠部分。而这里面的次级别走势是什么，每个人均有自己的观点，并不能获得统一的结果。为了规范这次级别的走势，缠论才引入了线段的概念。线段一定来源于图中的元素，譬如 K 线，而缠论也谈到，若不是由三折的笔组成线段，线段的稳定性非常差，对走势的描述没有抽象到很合适的地步。因此在一张图中才有了从 K 线到笔到线段的说法，其目的就是在这个级别的图中对次级别的走势进行线段化抽象。到了次级别的图中，还必须从次级别的 K 线着手，抽象出次级别的走势。从 K 线到笔到线段这个对次级别走势抽象的方法就是每个级别的图中自包含的，与其他级别的图没有对应关系（走势是有关系的）。

所以，缠论很清楚地指出，笔与线段都是用来处理最低级别的走势的，大级别的走势必须从最低级别的走势中分析出笔到线段到中枢后逐级推演。简单来说，笔与线段只是用在最低级别的图中，这就把引入笔、线段在高级别图上形成的混乱彻底地除掉了。

二、线段划分的基准、依据以及步骤

线段的划分就是认识一段行情的重要手法，然而也是一个难点。线段的划分必须完全明白如下问题：

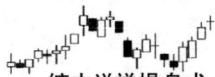

1. 线段的划分基准

缠论对线段的划分标准作出了明确定义：**"线段破坏的充要条件就是被另一个线段破坏。"**

因此，缠论关于线段的划分，都是以这个精确的定义为基础。

《教你炒股票72：本人已有课程的再梳理》相关内容如下：

第64（65）课里，因为没说特征序列的元素之类的概念，所以里面关于线段一些论述都如同用高、低点定义上涨、盘整一样，不太严格，第67课说了特征序列之类的东西后，定义就是"严格"的，所以在第67课里，本人说"本课，就是把前面'线段破坏的充要条件就是被另一个线段破坏'精确化了。因此，以后关于线段的划分，都以此精确的定义为基础"。

为何说以前的不精确？由于依照以前没有特征序列的定义，则线段里都要继续存在"类似小级别转大级别"的情况，但是有了特征序列之后，就不再需要此种情况了，只有这样才能精确地划分线段。

2. 线段划分的依据

线段的划分，主要依据两个方面。

（1）依据线段的概念和基本原理来划分。这包括了线段的定义以及线段破坏的基本形式，最主要的是"缠论线段分解定理"：线段破坏的充要条件，则是被另一个线段破坏。

这些是最基本的，在实际划分中出现疑问的时候，必须用这些基本概念去衡量。

（2）根据标准特征序列进行划分。用标准特征序列来划分，前提条件是出现标准特征序列的（顶或底）分型。在分型出现之后，根据构成分型的三个相邻元素中"第一和第二元素间是否存在特征序列的缺口"加以完全分类：**第一种情况就是第一、第二元素间不存在缺口；第二种情况就是第一、第二元素间存在缺口。**

这两种情况，就是缠论给出所有线段划分的标准。

3. 线段划分的程序

什么是线段划分的程序呢？

缠论认为，线段划分主要有以下四个步骤：

（1）要弄清楚特征序列。

（2）要弄清楚标准特征序列。

（3）标准特征序列的顶分型和底分型。

（4）确认分型的第一元素和第二元素间是否存在缺口。

缠论强调，必须将这逻辑关系弄清楚，否则的话，就会迷糊。

缠论还认为，实际上，线段的划分都可以在当下完成，主要有这些程序：

（1）如果某转折点就是两线段的分界点。

（2）接着对此用线段划分的两种情况去考察是否满足。

（3）假如满足其中一种，则这点就是真正的线段的分界点。

（4）若不能满足，那就不是，原先的线段仍然延续，就是这么简单。

按照缠论的定义，可以根据以下这些方法去划分：

（1）确认初始线段。

（2）找出特征序列。

（3）对特征序列进行包含处理。

（4）按照两类情况去找分型。

（5）确认线段被破坏。

以上就是线段划分的基本顺序，第（3）步与第（4）步是交叉循环的，第（5）步结束之后，就继续前面的顺序，划分下一个线段，整个过程则是一个闭环。

三、找出线段的特征序列

1. 线段的特征序列

什么是线段的特征序列？缠论作出了明确的定义，我们看一看下面缠论的叙述：

笔划分以后，我们用 S 表示"向上的笔"，X 表示"向下的笔"（这里，S、X 是"上""下"汉语拼音的第一个字母）。则所有的线段，有两种情形：第一种是从向上笔开始；第二种是从向下笔开始。以向上笔开始的线段，可以用笔的序列来表示：S_1X_1，S_2X_2，S_3X_3，$\cdots$，S_nX_n。这不难证明，任何 S_i 与 S_{i+1} 之间，必须有重合区间。而考察序列 X_1，X_2，$\cdots$，X_n，在这个序列中，X_i 与 X_{i+1} 之间并不一定有重合区间，所以，这个序列更能够代表线段的性质。

于是，缠论作出这样的定义：**序列 X_1，X_2，$\cdots$，X_n 成为以向上笔开始线段的特征序列；序列 S_1，S_2，$\cdots$，S_n 成为以向下笔开始线段的特征序列。特征序列两相邻元素间没有重合区间，称为该序列的一个缺口**，如图 4-2 所示。

缠论指出："关于特征序列，把每一元素看成一根 K 线，那么，如同一般 K 线图中找分型的方法，也存在所谓的包含关系，也可以对此进行非包含处理。**经过非包含处理的特征序列，成为标准特征序列。以后没有特别说明，特征序列都是指标准特征序列。**"

2. 特征序列的缺口

缠中说禅在《教你炒股票 67：线段的划分标准》中这样定义：

特征序列两相邻元素间没有重合区间，称为该序列的一个缺口，如图 4-3 所示。

向上笔开始线段的特征序列　　　　　　　向下笔开始线段的特征序列

X_1, X_2, $\cdots$, X_n 为特征序列　　　　　　S_1, S_2, $\cdots$, S_n 为特征序列

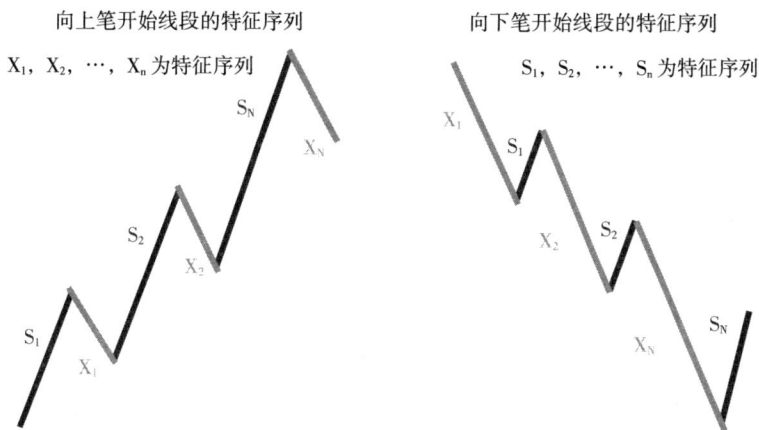

图 4-2　向上笔和向下笔开始线段的特征序列

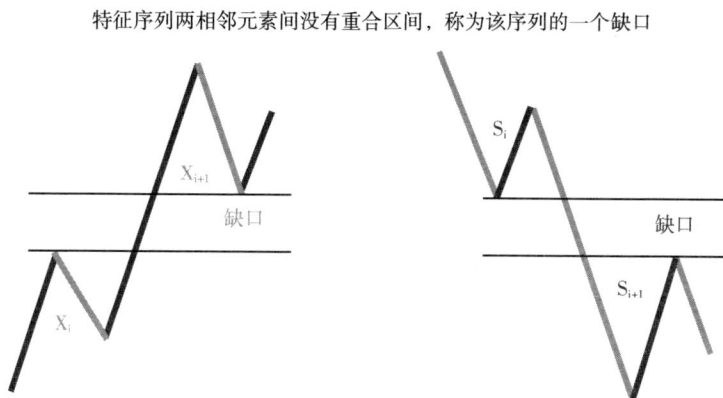

特征序列两相邻元素间没有重合区间，称为该序列的一个缺口

图 4-3　特征序列的缺口

3. 特征序列的元素

我们再看一看缠中说禅《教你炒股票 71：线段划分标准的再分辨》中的相关叙述：

特征序列的分型中，"第一个元素"，就是"该假设转折点前线段的最后一个特征元素"，"第二个元素"，就是"这转折点开始的第一笔"，显然，这两者之间是同方向的，如图 4-4 所示。

顶分型的假设的转折点（底分型反之）

第一元素
等于转折点前线段的
最后一个特征序列元素

第二元素
等于转折点开始的第一笔

gi

di

第三元素
等于转折点后与第二元素
没有包含关系的"第三笔"

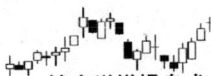

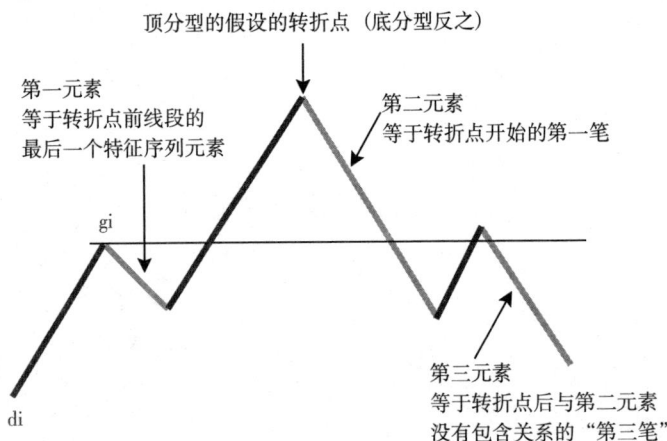

图4-4　标准特征序列分型三个元素

必须注意："元素"是一个虚拟的东西，并不是真实图形中的笔。

（1）在几何图形上，特征序列元素的长短，相当于笔的高度（不是笔的"长度"）。

（2）特征序列元素是有方向的。特征序列元素的方向，与所对应笔的方向相同，与所在线段的方向相反。具体就是：

第一，向上的线段，其特征序列是线段中向下笔的序列，对应的元素也是向下的。

第二，向下的线段，其特征序列是线段中向上笔的序列，对应的元素也是向上的。

四、特征序列元素包含关系的处理

把特征序列每一元素当作一根K线，如果属于同一线段的两相邻元素符合K线包含关系定义的时候，就称为元素包含关系。

必须明确的一点就是，**特征序列元素必须处理包含关系，非特征序列元素不必要处理包含关系。**

第一种情况就是：特征序列第一元素和第二元素之间不存在缺口的线段，特征序列的第一元素与第二元素存在包含关系，不加以包含处理，其他的特征序列元素之间存在包含关系，根据线段方向加以包含处理。

如果是向上的线段的特征序列元素（这时特征序列元素方向是向下），那么包含关系按照向上方式进行处理；如果是向下的线段的特征序列元素（这时特征序列元素方向是向上），则包含关系按照向下方式进行处理。

第一种情况的向下线段特征序列包含关系处理示意图，如图4-5所示。

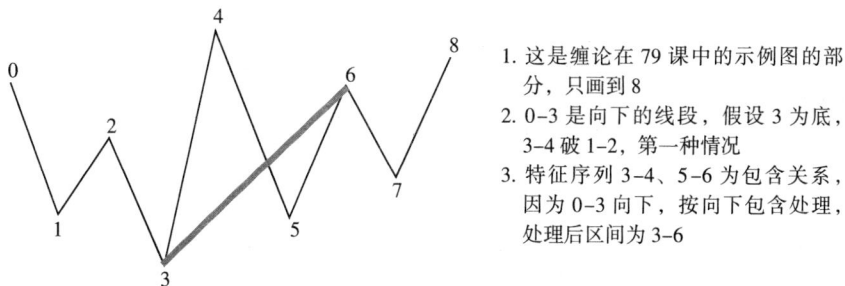

1. 这是缠论在79课中的示例图的部分，只画到8
2. 0-3是向下的线段，假设3为底，3-4破1-2，第一种情况
3. 特征序列3-4、5-6为包含关系，因为0-3向下，按向下包含处理，处理后区间为3-6

图4-5　向下线段特征序列包含关系处理示意图

第二种情况：特征序列第一元素与第二元素之间存在缺口的线段，它的特征序列包含关系必须按照第一种情况处理；同时还必须要考察第二特征序列元素，如果第二特征序列元素存在包含关系，按照第二特征序列元素本身所处线段的方向加以包含处理，如果第二特征序列的第一元素与第二元素之间存在包含关系，也要加以包含关系的处理。

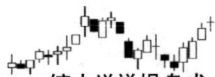

假如第二特征序列元素所处线段方向是向上的（这时第二特征序列元素方向为向下），则包含关系按照向上方式进行处理。假如第二特征序列元素所处线段方向是向下的（这时第二特征序列元素方向为向上），那么包含关系就按照向下方式进行处理。

第二种情况的向上线段特征序列包含关系处理示意图，如图4-6所示。

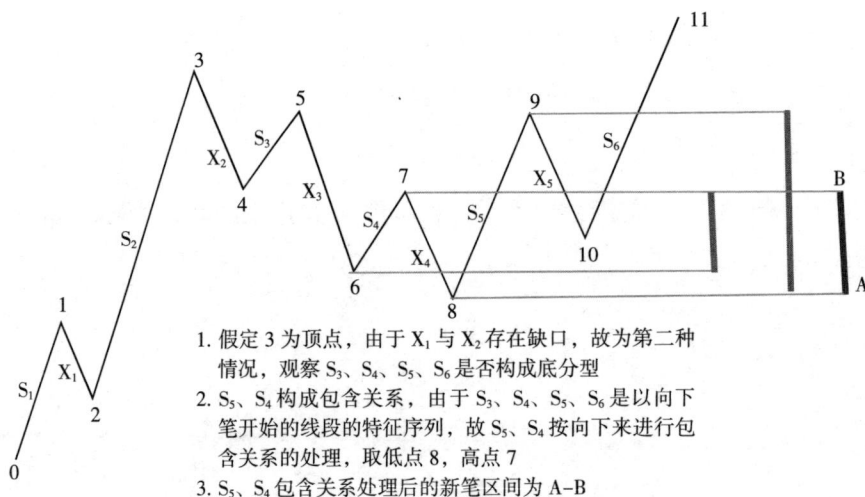

1. 假定3为顶点，由于X_1与X_2存在缺口，故为第二种情况，观察S_3、S_4、S_5、S_6是否构成底分型
2. S_3、S_4构成包含关系，由于S_3、S_4、S_5、S_6是以向下笔开始的线段的特征序列，故S_3、S_4按向下来进行包含关系的处理，取低点8，高点7
3. S_3、S_4包含关系处理后的新笔区间为A–B

图4-6　向上线段特征序列包含关系处理示意图

事实上，绝大多数人对线段划分不清的原因是对包含关系没有弄清楚，线段划分的难点就在于对线段中特征元素与非特征元素包含关系的处理，由于笔的包含关系与K线的包含关系不一样，有前提条件与特殊性，这在缠论第71课和第78课中大量地讲到，特征序列的包含关系对线段的划分非常重要，总的来讲主要有以下几条：

（1）特征序列的包含关系应该是在同一特征序列中。不是同一特征序列中的元素不能加以包含关系处理。

（2）线段出现笔破坏之后，破坏的这一笔不能与原线段特征序列的元素加以包含关系进行处理，因为该笔不能确定是否属于这个特征

序列。

（3）要在特征序列的基础上，扩大包含处理的关系，只要是同一性质的笔，都能够加以包含处理。而这里的同一性质，指的是在同一线段中同方向的笔。

（4）在线段不能确定结束之前，构成线段的笔都能够用包含关系来处理。

（5）特征序列元素与非特征序列元素包含关系的处理必须遵守 K 线包含处理的原则，只有相邻的元素才能加以包含关系处理。

五、如何确认线段被破坏

所谓线段就是对次级别走势的描述，它在本级别上可以看作没有内部结构。因为在本级别上，只需要了解次级别的开始与结束点，因此探讨线段的破坏就显得非常重要。实际上，**在实际操作中划分走势最关键的点（转折点）是线段的破坏点**。

线段等同于一段次级别走势，所以，线段被破坏，则能够理解是一个次级别走势的完成与结束。根据"缠论走势分解定理一"，任何走势都能够分解成同级别走势类型的连接，所以，这个次级别走势必然会被新的次级别走势破坏。

简单来说，**旧线段是被新线段所破坏的，线段在被破坏这一刻才算是结束，才算是完成，与此同时，新的线段就产生了**。

1."线段被笔破坏"的定义

前面已经讲过，线段有两种：第一种是从向上一笔开始的；第二种是从向下一笔开始的。

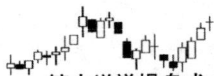

（1）对于从向上一笔开始的线段来说，其中的分型组成这样的序列：d1g1，d2g2，d3g3，…，dngn（其中 di 表示第 i 个底，gi 表示第 i 个顶）。若找到 i 与 j，j≥i+2，使 dj≤gi，则称为向上线段被笔破坏。

（2）对于从向下一笔开始的线段来说，其中的分型组成这样的序列：g1d1，g2d2，g3d3，…，gndn（其中 di 表示第 i 个底，gi 表示第 i 个顶）。假如找到 i 与 j，j≥i+2，使 gj≥di，则称为向下线段被笔破坏。

上面所讲的"类数学"的定义是非常抽象的，我们来看下一个实际例子。图 4-7 为 1 分钟图，是一个从向上一笔开始的线段，其中，d4≤g2（图中是 d4<g2），则是"向上的线段"被笔破坏了。

图 4-7　1 分钟图

然而，被笔破坏以后，线段的结构是否被破坏了？答案：未必，必须要看后面怎么走。

我们依然将线段当作次级别走势，从"类中枢"的角度进行分析：在图 4-7 中，g3d4 这一笔破坏了线段以后，转过身来向上创下新高，从而使 g2 到 d4 之间重叠部分只是 3 笔形成的线段级别的"类中枢"（见图 4-7 中方框，区间是 [g2，d3]），并没有形成 1 分钟级别的中枢

（1 分钟级别的中枢必须由三个线段重叠来形成），没有形成 1 分钟走势类型，换言之，从 d1 至 g5 还是一个线段，这线段的结构并没有由于被笔破坏而发生性质的变化。

经过对上面实例的分析，可以证明，**笔破坏不一定使线段破坏，线段破坏必须是被另一个线段破坏。**

2. 线段分解定理

线段被破坏，指至少被有重叠部分的连续三笔的其中一笔所破坏。但只要构成有重叠部分的前三笔，则一定会形成一条线段，也就是说，线段破坏的充要条件，就是被另一条线段所破坏。

3. 线段破坏的两种形式

第一种形式：新线段直接破坏旧线段的结构，这就是线段破坏的基本形式。

新线段的一个最重要标准就是必须要破坏旧线段的结构。比如，下跌的线段，其后高点必须低于前低点，假如"有重叠部分的连续三笔的其中一笔"的高点不低于前低点，则原来的线段的结构被破坏了。

线段一定要被破坏才算是结束，但需要强调的是，线段一定要被线段破坏才算是真破坏，单纯的一笔是不能破坏线段的，如此规定，就回避了许多特殊的偶然因素对走势的干扰。比如，如果第一笔出现笔破坏之后，之后的一笔就创新高，并且在这之后一笔，根本就不触及笔破坏那一笔，此时，明显不能构成线段对线段的破坏。由于后面这三笔没有重合，不可能组成一线段。

在图 4-8 中，若新线段破坏了旧线段的结构，那么就会使旧线段从"现在进行时"变成"现在完成时"，并使这个旧线段得以确认。与此同时，新线段也就会诞生，这时候，新线段便进入了"现在进行时"。

新线段直接破坏
旧线段的结构

图4-8 线段破坏的第一种形式（基本形式）：新线段直接破坏旧线段的结构

第二种形式：新线段的完成，让旧线段得以确认。

旧线段 A 没有被新线段 B 破坏（B 没有跌破或者突破 A 的前高、低点），然而后面更新的线段 C 破坏了线段 B，从而使线段 B 成为"完成的"，并且它前面的线段 A 也必须是完成的。

在此情况下，必须等到 C 破坏了 B 时，B 与 A 才同时得以确认。

在图 4-9 中的三段走势，则是此情况：

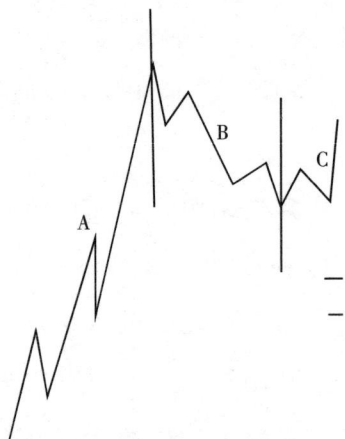

图4-9 线段破坏的第二种形式：新线段的完成，让旧线段得以确认

总的来讲，对于线段的概念，必须从线段的形成、线段的延续以及线段的破坏等几个方面来深入体会。

上面所说是线段破坏的两种情况的完全分类，这就是确认线段结束的根本所在。

不过，在实际操作中，还可以运用类似背驰的方法预先判断线段的结束。通常来说，线段的结束与大级别的走势段是相同的，在趋势中运用背驰来确认，其他情况应用盘整背驰来确认。假设有突发性事件，那么就要看第二类的买卖点，它的道理是相同的，只是所用到的级别特别小而已。但必须明白，这并非最后的确认，只是一种预测。

4.“笔破坏”与“线段破坏”的关系

笔破坏和线段破坏，是两个不相互包含的概念。并非是笔破坏就必须线段破坏，也不是线段破坏必须要笔破坏。

很明显地，在第一种形式之下线段破坏时，一定是笔破坏的。在第二种形式之下线段破坏时，就不一定了。相反，线段破坏若不是笔破坏，则必须是第二种形式的。

而笔破坏为何必须单独提出来？是由于笔破坏有着动力学上的意义。

缠论，有一部分的内容与物理学有一点相似，即研讨动力学方面的内容，在此方面，我们现在接触最多的则是背驰；而笔破坏，是属于动力学方面的内容，这在后面会逐步讲到。

5.线段破坏的两种心理基础

如果一个线段的破坏转折，就必须要有三个特征序列分型的折腾，如此，市场买卖双方才有足够的时间去反应，从而体现出合力痕迹，当然具有了一定的延续性。而一个线段，至少由三笔构成，这也是让转折后的新线段，同样能够使合力得到充分体现，将这两个不同方向的线段进行比较，买卖双方在相应时间内的心理、实力对比，便十分清楚了。

线段破坏的两种方式，它们具有大不一样的心理面。

线段破坏的第一种方式：第一笔攻击便会直接攻破上一段的最后一次打击，证明这反攻的力量是巨大的，再回来一笔，表示了原方向

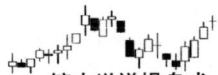

力量的又一次打击，然而反攻力量扛住并又一次反攻形成特征序列的分型，这就证明了，反攻至少导致了一个停歇的机会。最坏的情况，则是双方都稍稍地冷静一下，去选择又一次的方向。而这正好造就了最小中枢形成的心理基础。

线段破坏的第二种方式：实际上就是以时间换空间，反攻开始的力量非常弱，必须经过慢慢地积累，这一方面表示了原方向的力量极强，另一方面又需要密切关注是否会产生骨牌效应，也就是开始的反攻力量极小，可以快速地蔓延开。这通常证明，市场原方向的分力，其结构具有趋同性，一旦有一点风吹草动，便会集体转向。

通常来说，线段破坏的第二种方式，一旦产生了骨牌效应，至少必须回到前一高、低点范围之内，这则是市场上冲顶与赶底时发生的V字形走势。

第五章 缠中说禅的中枢法则

中枢的概念，是缠论引入的对走势观察的一个最直接的、最好的工具。

缠中说禅这样说过，抓住中枢这个中心、走势类型与级别两个基本点，其他的都是辅助的。中枢理论是缠论的原创，是波浪理论与箱体理论的规范化、系统化。

实际上，缠论就是应用了价格和价格形态，中枢就是构成价格形态的基础，当交易者懂得了形态，用中枢就能够断定趋势是怎样完成的。市场之中的价格与价格形态不断演变，然而市场的形态大多数是不变化的，这就构建了操作的根据。被世人称作世界上伟大的股票作手的利弗摩尔在其书中就提及对形态的论述，构成了关键点位，来判断趋势的发展，将缠论与两者结合起来能够做到相互补充。

一、中枢的定义、目的和作用

1. 中枢的定义

缠论是这样对中枢作出定义的：某级别走势类型中，被至少三个连续次级别走势类型所重叠的部分，称为中枢。

如果只是从字面来理解，则显得很抽象。我们直接看图 5-1，并以图 5-1 中 10~15 为例：在某级别走势类型中（10~15，盘整上涨），至少被三个连续次级别走势类型所重叠的部分（11~14），则 11~12、12~13、13~14 都是定义中的次级别走势类型，这三个次级别走势类型所重叠的部分，也就是它们的公共部分，被称为中枢。再给此中枢加上个级别，是因为将构成中枢的三个走势类型（11~12、12~13、13~14）被称为次级别走势类型，所以，它们所组成的中枢，则是本级别中枢，它们对应的走势类型，则是本级别走势类型。因此，10~15 可以称为本级别盘整上涨走势类型，由于这个走势类型中，仅仅包含一个本级别中枢（11~14）。同样如此，1~10，就是本级别趋势下跌走势类型，15~20，则是本级别盘整下跌走势类型。

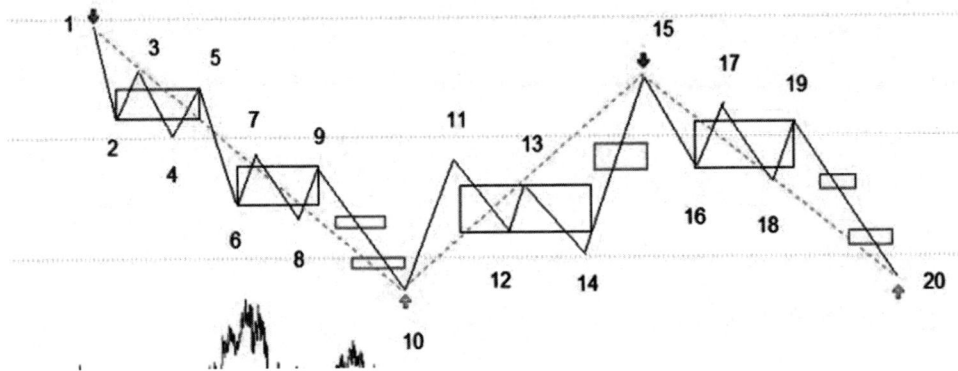

图 5-1　中枢

我们从中枢的定义为出发点，**连续三个次级别走势类型所重叠出来的部分，称为本级别中枢。**相对于本级别而言，次级别中枢则是连续三个次次级别走势类型所重叠出来的部分，次次级别则是连续三个次次次级别走势类型所重叠出来的部分……只要走势能够许可，这个分割能够继续下去，一直至分到不能再分为止，而那个则是最小的中

枢，也就是最小的级别。因此，一个本级别中枢，就是由一个最小级别的中枢发展而来，而这个最小级别的中枢，不就是由重叠开始的吗？**因此，重叠就是中枢，级别不同而已！**

2. 中枢引入的目的

缠论引入中枢的目的，就是为了看清走势。在看清走势时，运用多个级别判断方向。因此**这个中枢的目的就是让交易者用来观察看清走势演绎发展的**。

此外，决定一个本级别中枢的关键在于次级别，因此，这里就有这样的一个问题，怎样定义次级别走势类型？一般来说，定义次级别走势类型有两种方法：笔与线段。可是，如果懂得了重叠是中枢这个概念的话，那么就有了第三种定义中枢的方法：限定重叠的区间，将它当作次级别中枢，定义出次级别走势类型，接着找到本级别中枢。这就直接绕过了线段与笔。虽然线段和笔很重要，然而它们也有不足之处，就是一旦确定以后，便默认了它们是没有内部结构的次级别走势类型，这便失去了观察次级别结构的机会。如果直接用中枢来确定次级别走势类型，就不必默认次级别走势类型。并且此方法，能够使分析走势的步骤大大地简化（至少不运用分笔和分段）。

为什么能够直接运用中枢来确认次级别走势类型呢？这是由中枢的定义所决定的，此外，这也是自相似性结构本身的特性所决定的。

实际上，中枢就是意味着整理。在一个走势的发展中是必须要整理的，整理意味着经过必要的换手，让持筹成本大概相近。如果队伍不通过整编，总是有人开小差，当然难走得远；如果队伍整编好了，那么又有了"带头大哥"，走势必然会向前发展；如果队伍整编好了，然而"带头大哥"跑了，队伍就缺乏一致性的方向，时间长了必须各有各的想法，最终会解散了事。因此，不管哪个级别，只要有走势就

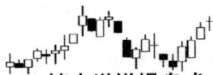

必须会有整理，也就必须会有中枢。特别是缠论所说的什么完全交易市场，这意味着队伍中除了"带头大哥"还有其他的兵，那就必须要整编队伍，也就必须会有中枢。

3. 中枢的作用

中枢的产生，实际上就是多空双方斗争的结果，在牛市的中枢称为回调，其基本表现形式是"下上下"；在熊市的中枢称为反弹，其基本表现形式是"上下上"。

中枢确实就是多空力量不相上下时的纠缠斗争区域，双方都在这里缓一口气，接着经过第三类买卖点去选择新的方向。在实际交易中，中枢的区域通常用来当作参与中枢震荡的买卖点参考，或是通过比较中枢前后的走势来判断是否背驰。

缠论曾经用一句话来概括："**任何级别的走势图，都可看作一串珠子，如果把该级别的中枢比作珠子，串起珠子的每一段绳子都是一个次级别或次级别以下的走势。**"

只有理解了这一句话，你才能理解缠论的内涵，这一句话包含了许多重要信息。

（1）中枢就是缠论的核心概念。

（2）中枢形成的唯一原因：一个次级别走势脱离原中枢，接着以一个次级别走势回撤不落入原中枢。

（3）由（2）得知：脱离原中枢的那个次级别走势是连接原中枢与新中枢的绳子，后面的那个回撤次级别走势构成新中枢的第一段。

（4）由（3）得知：任何在上涨之后形成的中枢，一定是"下上下"结构；任何在下跌之后形成的中枢，一定是"上下上"结构。

（5）缠论与波浪理论有很大的关联，缠论脱胎于波浪理论。一般中枢与调整浪对应，典型的如 A-B-C（3-3-3 或 3-3-5）调整、A-B-C-D-E 调整。在缠论体系中，驱动浪的级别低于调整浪，通常只是连

接珠子的绳子，相对珠子来说是"次级别或者次级别以下"的——这是相当有洞见的理念。

（6）股市走势，往往80%的时间都在玩中枢震荡或者中枢扩展，在珠子之内折腾；仅有20%的时间是绳子——而这20%的机会通常造成80%的利润或者亏损。

二、中枢与类中枢的解析

缠论运用中枢来描述走势，中枢的运动，就会产生走势。这就是缠论的很重要的概念，如果不掌握此概念，很难领会整个形态分析体系。

类中枢与中枢，这两个并不难理解，就是看一看内部结构的级别就行了，结合中枢前后段进行分析。

次级别某走势类型完成了，便会产生本级别的一个线段。因此，可以说三条线段重叠组成中枢。能不能这样认为：只要有首尾相连的三条线段，就能组成一个中枢？如图5-2所示。

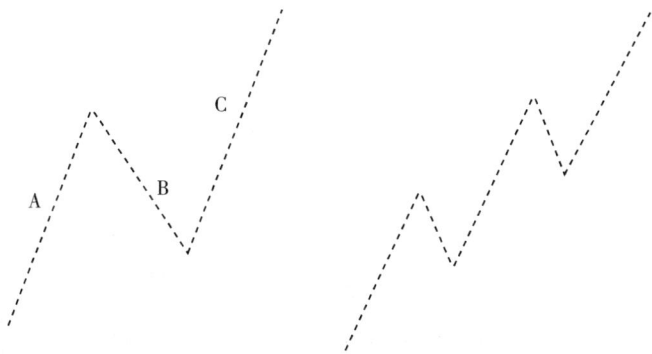

图5-2 首尾相连的三条线段组成中枢

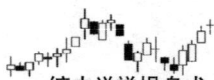

按照定义的确是一个中枢，然而这里存在这样的问题：假如这样确立中枢，则中枢的划分就会更复杂。

如图 5-3 的左图中，ABC 组成了一个中枢，BCD、CDE 也能构成一个中枢，若是这样的话，五条线段就会形成三个中枢，这就会让图形混乱，分析很难下手。因此，将这种符合定义，然而没有实际用途的中枢，称为"类中枢"。

在图 5-3 的右图中，合力变化使走势产生了两次变向，然而这两次是与原来方向相反的走势，没有重叠区域。这便没有形成对整体走势有参考意义的价格区间。简言之，尽管力量有所变化，然而两次没有占领同一个价格区间，表明了其力度对改变原有趋势的影响极小。

图 5-3 是理想状态的回调和回升中枢，B、C、D 三段的重叠区域组成中枢，B、D 的方向就是中枢的方向，A、E 连接其他走势类型（注：中枢的方向是与原来趋势相反的，必须是两次反方向运动并形成重叠区域，才能组成中枢）。回升中枢正好相反。

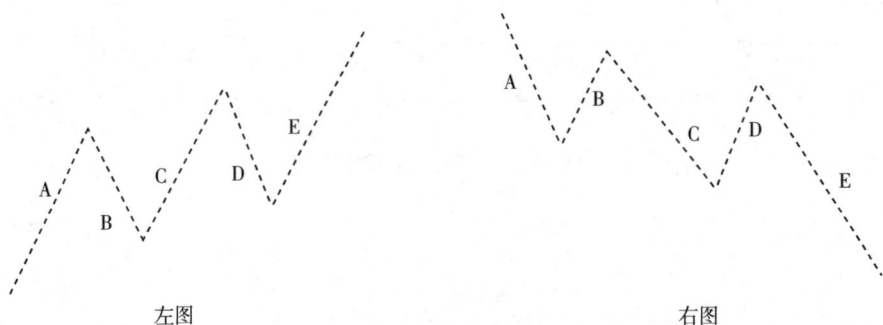

图 5-3　理想状态的回调和回升中枢

中枢的意义在于，走势持续的过程中，某阶段相反的力量大于主流趋势的力量，就会导致走势逆转的情况。类中枢，在此情况下只会发生一次，这一般被认为是偶然的，很难对走势产生长远影响。中枢在此情况下就会发生两次以上，从而确定了这个反向力的持续性和有

效性。将这两个或者两个以上反向走势的价格重叠区间当作一个重要的参照和定量的分析，就会使走势能够量化把握。

这个重叠区间就是多空双方反复不断争夺的重点地带（最少 5 次穿透），就会形成大量的换手，所以有着重要的意义。

（注：产生中枢的就是 B、D，中枢的区间就是 min ［B、D 的高点］、max ［B、D 的低点］。）

为此能够看出中枢和类中枢的区别是：

（1）中枢。在走势中的中枢是有方向的。在向上的走势中，中枢三段就是"下上下"。在向下的走势中，中枢三段就是"上下上"。因此在走势中确定中枢区间，往往需要至少五段。首尾是离开中枢的两段当作连接前后中枢用的（分别当作：一段是向上离开，一段是向下离开），中间三段组成中枢。类似于一笔至少需要五根 K 线，即底分型与顶分型之间至少有一根 K 线是当作一笔的最基本要求。这里所说的中枢，是指趋势行情的情况，即上涨或者下跌。对于盘整就不一样了，盘整中枢的连接就不需要连接段。

（2）类中枢。当走势只有三段的时候，称为中枢。

三、笔中枢和段中枢的解析

1. 笔中枢

我们明白观察是从高级别到低级别，从高级别能够看出类似中枢的笔中枢时，立即想到的就是在某个低级别里有中枢。接下来便去放大倍数，去找准确的中枢区间。因此，这种笔中枢的概念，仅仅是一个工具。

在实战当中，我们也会应用三笔重叠组成中枢，缠论称为笔类中枢。

这种笔类中枢的实质是什么？

简单来说，则是相对本级别的次级别中枢。

本级别的一段线段没有完，能够通过笔组成的中枢，进行同级别分解。这实质上则是在 30F 级别，去考察 5F 级别的走势。

同理，在 30F 级别上，将一段线段构成一笔，这样的"笔"组成的线段，这样的"线段"组成的中枢，就是日线的中枢。

这就是缠论引进笔、线段的奥秘之处，这事实上就是区间套的原理。

2. 段中枢

什么是段中枢？它有什么用处？

段中枢就是 N 字形中枢，它有两大用处：第一，提前观察中枢的产生位置区间。第二，用以买卖交易。

那么，如何提前观察呢？就是本级别三段的重合，也就是中枢形成的开始的一个迹象。在形成一个迹象之前的开始，由于段中枢里就已经有了重合的区间，所以这里便有了市场的合力了。

此合力，使走势产生了本级别的三段的重合，这又表明了什么？

这表明了市场的合力，对这个三段重合的价位区间的三次认可，并表明了市场在这个区间，形成了三次的筹码交换和三次的买卖交换，这个区间就存在了产生高级别中枢的可能。那么围绕此区间，便产生了波动的可能。在第四个离开此区间的走势中，便存在吸引。走势发展到这里时，立即运用的就是同级别分解，换言之，如果第四段离开，便能够观察段背驰操作了。

那么在段中枢第一个用处中，如何来分析呢？则是分型看中枢的区间位置。譬如在下跌的情况中，如果第二个中枢离第一个中枢较近，

在不考虑背驰的情况下，如何看待？

假设离第一个中枢较近，这表明了市场的合力，是不期望这个股价太低的；假如离得较远，这表明市场的合力期望这个股价再低点。为何一个牛股下跌至 30 均线就形成底分型后强烈的拉起，则是主力吃饱了，不想股价过低。

假如第二个中枢离第一个距离太远了，这表明市场的合力不认可其他高价格。则这只股票在反弹之下，后市盘整的时间较长。同时也表示了主力没吃饱，一是他们还想吃，二是他们不想玩了。

那么，这个中枢所形成的区间位置，表现出的市场合力的认可状态则是我们观察的目的，有可为有可不为。

而对中枢的位置所形成的力度则是看中枢在各级别组合的位置与中枢的次级别走势类型所形成的形状。那么在此形成的过程中所显现的图形是流畅的，是非常美丽的。

譬如，中枢整理所产生的旗杆、旗面，其图形为何美丽？其实就是比例。如果比例合理，则图形就美丽。黄金比例在图形中的体现：一是中枢的位置，二是中枢形成的形状。而波浪理论缺少的就是图形的构架。

上面提到了力度，其实力度首先是图形的、几何的。譬如阿基米德所说的"给我一个足够长的杠杆，我能够撬动地球"，就是此道理。

在图形中中枢区间形成的位置，角度中段的角度、形状，全都是力度的体现。走势段的力度就看段形成的角度与面积。

假如上段形成 45°角的上面，则这个 45°走的就是中庸之道，中庸之道与其走势，不偏不离走得就长。 如果高于 45°的 70°、80°拉升很快，回落得也很快，如果低于 45°的 20°、30°拉升费劲，走得缓慢。为什么这样呢？拉升过快，筹码获利快速，则筹码松动得也很快。走的角度很小，筹码死沉，需要的时间就慢。那么一个在 40°~50°的，保持着中庸之道，不快不慢的，因此就会长久。

再例如，**经过各级别的观察，到中枢区间的位置近，表明了市场合力对价格的认可，则这只股票走得就长久。**

四、走势中枢定理

1. 缠论走势中枢

缠论对走势中枢作出了这样的定义：某级别走势类型中，被至少三个连续次级别走势类型所重叠的部分，称为缠论走势中枢。比如，图5-4中1是"下上下"型走势中枢；图5-4中2是"上下上"型走势中枢。

图5-4 缠论走势中枢

也就是说，**缠论走势中枢则是由至少三个连续次级别走势类型重叠部分所组成。**

具体的计算是以前三个连续次级别的重叠为准，严格的公式可以表示为：次级别的连续三个走势类型A、B、C，它们的高点、低点分别为 a1a2、b1b2、c1c2，那么中枢的区间就是 max（a2，b2，c2）、min（a1，b1，c1）。而事实上用目测就行了。必须注意，次级别的前三个走势类型都是完成的才能组成该级别的缠论走势中枢，完成的走势类型在次级别图上显然根本不用再看次级别下面级别的图。

2. 缠论走势中枢定理一

缠论走势中枢定理一：在趋势中，连接两个同级别缠论走势中枢的一定是次级别以下级别的走势类型。

运用反证法来证明这个定理是非常简单的。

通过这个定理，我们可以得知：一是连接两相邻同级别走势中枢的，不一定是趋势，任何走势类型都有可能，最极端的则是跳空缺口后形成新的"走势中枢"；二是也不一定是次级别的，只要是次级别以下，譬如跳空缺口，则属于最低级别，若图上是日线、周线，则不会是次级别了；三是通常相连走势类型的级别越低，表示它的力度越大，这也就是缺口在分析中有比较强技术含义的理论根据所在。

3. 缠论走势中枢定理二

缠论走势中枢定理二：在盘整中，不管是离开还是返回缠论走势中枢的走势类型一定是次级别以下的。

为此，对于"盘整的高低点是怎么构造的"这个问题，便有了答案：不管离开还是返回的走势类型是什么种类级别的，站在最低级别上看，比如将1分钟图看作最低级别，则最后连接离开与返回走势类型连接处的最低级别图，只有两种可能：一是三根以上1分钟K线的来回重叠震荡后回头；二是1分钟K线无三根以上K线重叠的V形走势。至于第一种情况，这几根重叠K线最极端那根的极端位置，便形成了盘整中的高低点，通常来说，这种情况很少见；至于第二种情况，这个V形尖顶那根K线的极端位置便形成了盘整中的高低点，这种情况比较常见。这也是为什么真正的低点和高点总是在盘中一闪而过的理论根据。

4. 缠论走势中枢定理三

缠论走势中枢定理三：某级别缠论走势中枢的破坏，当且仅当一个次级别走势离开该缠论走势中枢之后，随后的次级别回抽走势不重新回到该缠论走势中枢内。

该定理是第三类买卖点产生的根据。其中的两个次级别走势的组合只有三种：趋势+盘整，趋势+反趋势，盘整+反趋势。

换言之，一个次级别的离开走势，可以是趋势或者盘整。为什么？

（1）假如是以一个次级别趋势的形式离开该中枢，那么其后的回抽可能是次级别的盘整或者反趋势。

（2）假如是以一个次级别盘整的形式离开该中枢，那么其后的回抽只能是次级别反趋势，不可能是次级别盘整类型，否则的话，便构成一个大级别的盘整类型，这就与原中枢维持的前提相矛盾了。

必须注意，离开走势中枢与回抽的两段走势，全都是次级别的，这两个走势中也会有中枢，而其中枢与我们所研究的这个走势中枢的级别是不一样的，后者更高级。

其中的趋势可以分为上涨和下跌，它们分别表示从上方突破和下方跌破两种情况。从实用的角度来看，最强有力的破坏是：趋势+盘整。比如，在上涨中，假设一个次级别走势向上突破后以一个盘整走势加以整理回抽，则随后的上涨通常比较有力，尤其是这种突破是在底部区间。此种情况非常常见，它的理论根据就在于此。

最后应该注意的是：

缠论中枢形成后，其随后的走势有两种情况：一是这个走势中枢的延伸；二是形成新的同级别走势中枢。但在趋势中，同级别的前后缠论走势中枢是不能有任何重叠的，这包括所有围绕走势中枢形成的任何瞬间波动之间的重叠。假如形成重叠，那就不能认为这个走势类型是趋势，而是形成一个更大级别的缠论走势中枢。为此，应当将两种情况严格区分。一是走势中枢和其延伸。这种情况下一切围绕走势中枢产生的前后两个次级别波动都必须至少有一个触及走势中枢。二是一个走势中枢完成之前，它的波动触及上一个走势中枢或者延伸的某个瞬间波动区间，从而形成更大级别的走势中枢。

五、中枢的延伸、扩张、扩展

在通常情况下，当走势发展到一定程度的时候，由于不可能一直是小级别的走势，便有了在级别上升级的要求。譬如说一个上涨走势，开始是一个 1 分钟级别的，而这个上涨不可能是这个 1 分钟级别一直走到最后。这中间便有了中枢级别升级的要求了，此中枢级别升级的形式会是什么呢？总的来说，一共有三种：延伸、扩张、扩展。

所谓延伸就是：如果中枢的延伸超过五段，再加上形成中枢本身三段，便产生高一级别的中枢。

所谓扩张就是：更大级别缠论走势中枢形成，当且仅当围绕连续两个同级别缠论走势中枢形成的波动区间而形成重叠。

所谓扩展就是：把有重合的三个次级别走势，放在整个走势中进行分析，比如"有重合的三个次级别走势"是可以形成整个走势的中构，这就是扩展。也可以这样说，"扩展中枢"指的是在某级别走势中三个连续的次级别 N 形结构的重叠。

由此可以看出扩张与扩展的区别：

（1）扩展的定义是在两个中枢都完全走出来的情况之下进行定义的；扩张的定义是在原有一个中枢走势的基础上走势区间和级别扩大的缘故。扩展就是两个中枢的完成时形态解析，而扩张就是在第一个

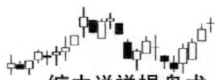

中枢为主要发起方的形态和动态演变。

（2）扩展必须有三个同向不重叠同级别中枢，扩张只有两个就行。

下面用图示来进行说明：

中枢扩张标准图如图 5-5 所示。

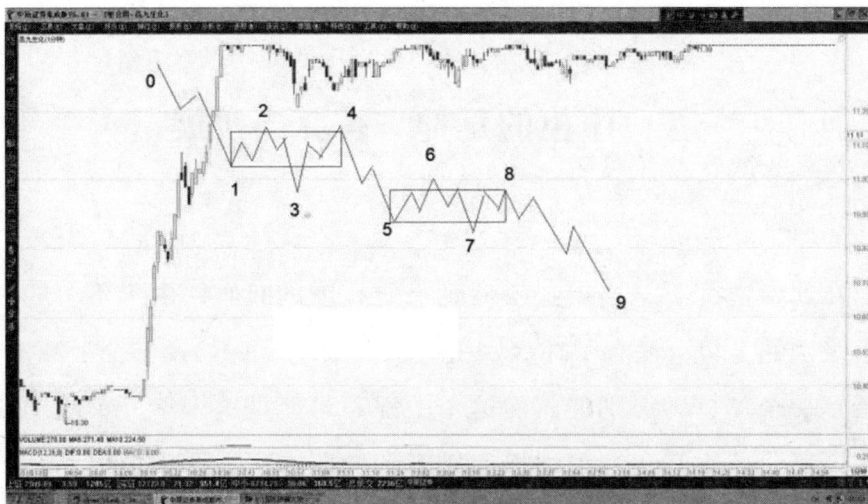

图 5-5　中枢扩张标准图

中枢扩展标准图如图 5-6 所示。

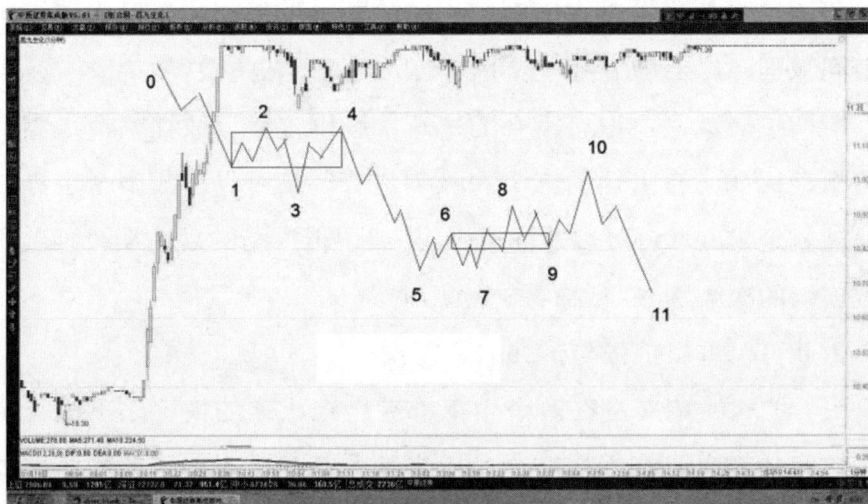

图 5-6　中枢扩展标准图

六、中枢的形态

缠论中的**中枢形态主要有三种形态，它们分别是三角形型、平台型和奔走型**。而三角形型包括压缩、扩散，平台型包括矩形、旗形，奔走型则是顺势平台型。

中枢区间与中枢震荡区间之间的关系，也就是中枢形态的紧密性，大概就是中枢具备的能量，缠论运用星球吸引作为例子来说明：大体积星球对离开的引力明显比较小体积星球对离开的引力要大，大质量星球对离开的引力明显比较小质量星球对离开的引力要大；然而，存在大体积小质量与小体积大质量的情况，假设用质量表示级别，则体积就是形态的紧密程度，对于相同体积而质量不一样的星球，必须是小体积的引力更大。

由此，便解释了三角形通常就是趋势的最后一段，甚至三角形整理失败的情况，由于三角形整理往往表现为压缩三角，其中枢区间相对震荡区间，它的差值比较小，形态较为紧密，即使扩散三角，也是这样，只不过压缩方向不同而已。实际上，三角形整理通常是五段，也就是在同级别情况之下，它的运行时间更长，质量稍大一些，只是没有达到升级程度而已。

为此，波浪理论中所说的顺势平台，就是奔走型中枢，三段重合区间极小，而高高低低点区间极大，简单来说这个形态不紧密，这便解释了奔走型中枢通常发展为一个趋势的第一个中枢，根据波浪理论，则是要发展为趋势，向某一方向势头很猛，该整理浪是顺势的。

从本质上看，中枢是调整，对于上涨走势而言，中枢则是下跌调

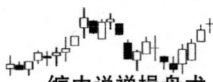

整；对于下跌走势而言，中枢则是反弹。

从形态上看，中枢有 N 多种基本表现形式，比如三角形型、奔走型以及平台型等，这些均属于形态学方面的内容。但在量能上，中枢的本质就是对过去走势的一个反向能量的堆积。为此必须注意，首先是对过去走势的一个反向能量，而中枢的扩展则是中枢级别的不断拉升，就是这个量能积累的作用效果。

总的来说，中枢完美的形态基本上有三大类型：

第一大类型：平台型中枢。其特点为最近两个高低点基本上一致，其心理含义就是平衡。

平台型中枢如图 5-7 所示。

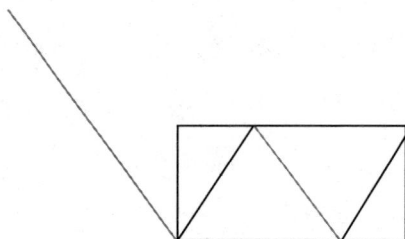

图 5-7　平台型中枢

第二大类型：顺势平台型中枢。其特点就是最近两个高低点依次顺势移动，其心理含义就是多方防守。

顺势平台型中枢如图 5-8 所示。

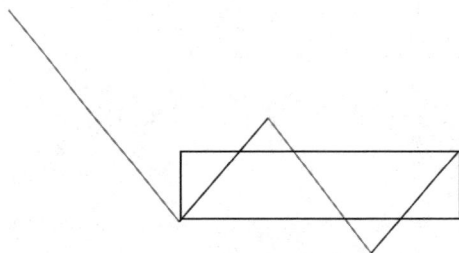

图 5-8　顺势平台型中枢

奔走型中枢（则是顺势平台型中枢的特例）。其特点就是最近高点正好碰到 a 的低点，这则是最弱的一种 A 了；其心理含义就是空方进攻。

奔走型中枢如图 5-9 所示。

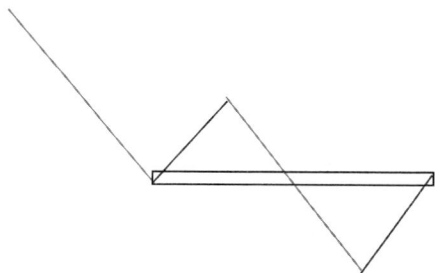

图 5-9　奔走型中枢

第三大类型：三角形型中枢。

三角形型中枢可以分为三角放大型中枢与三角收敛型中枢两类。

（1）三角放大型中枢。三角放大型中枢（则是极其常见的中枢），其心理含义就是多方强烈反击试探。所谓三角放大型中枢指的是结构一的前身，其心理含义只是多方强烈反击"试探"，必须注意的是有"试探"二字。

三角放大型中枢如图 5-10 所示。

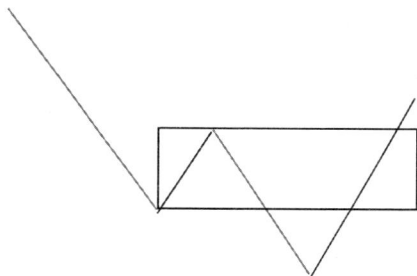

图 5-10　三角放大型中枢

（2）三角收敛型中枢。三角收敛型中枢（在盘下走势中，极其少见），其特点就是最近两个高低点被前面的高低点包含了，心理含义就是对抗趋向平衡。假如在趋势走势类型中，三角收敛型中枢通常出现在中枢 B，就要变盘了。

三角收敛型中枢如图 5-11 所示。

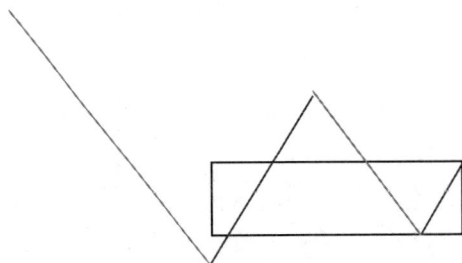

图 5-11 三角收敛型中枢

七、中枢判断基本方法

缠论的基本判断必须都是围绕中枢展开的，以下是中枢判断的基本方法。

在图 5-12 中右侧图形的方框是一个中枢，假设我们当下的观察级别为 5 分钟图，那么三条 5 分钟线段重叠的部分就形成一个中枢，这个中枢的级别就是 5 分钟级别。

在图 5-13 中的右侧图形是表示在一个中枢以后，有一个向上的线段脱离中枢，又有一个向下线段回试并未回到中枢，最后形成了一个新的中枢。这种在同一个方向，两个中枢依次排列并不重叠的走势结构成为"趋势"。趋势有向上与向下的区分，当下级别的趋势组成了高

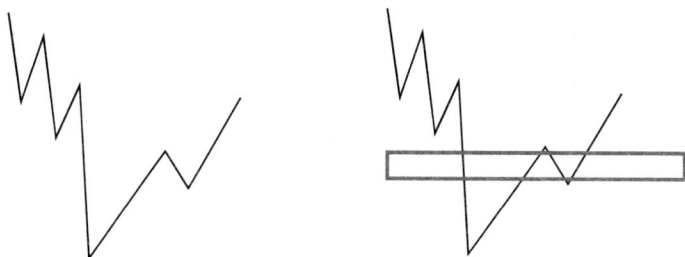

图 5-12　中枢判断基本方法一

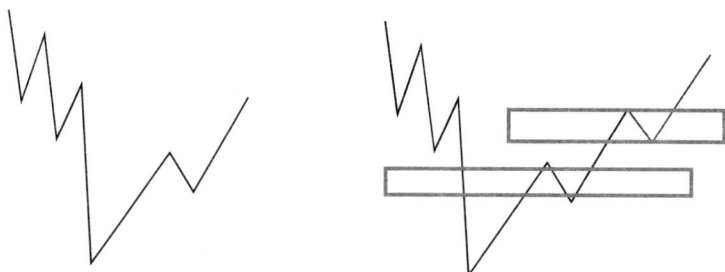

图 5-13　中枢判断基本方法二

级别图形结构的一个线段，趋势则意味着方向的明确。趋势能够一直延续下去，便产生无数个中枢，然而很多情况下连续两个中枢之后就会有一些变化。

假如在一个图形结构中只有一个中枢，那么就形成了"盘整"。如图 5-14 中，左侧图形就是盘整，在右侧的图形中有一个向上的线段试图离开中枢，然而其后一个向下的线段又回到了前面的中枢区域，则这里还是一个中枢，仍然是"盘整"。盘整的方向性要比趋势差一些。在实战中盘整的情况通常是最难把握的。然而只要有基本的"上下上"结构，就能够对盘面作出分析。不就是进入更小的级别去看吗，但是，通常来说初期最好守住自己的操作级别不要乱动。

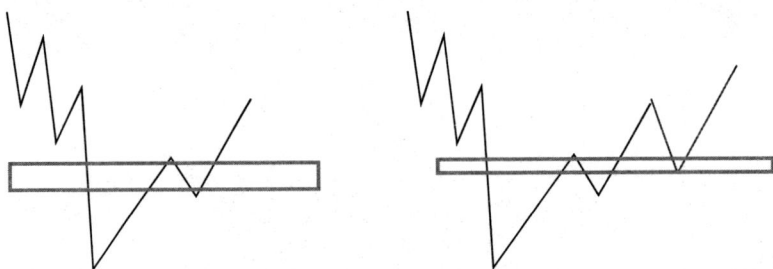

图 5-14 中枢判断基本方法三

第六章 缠中说禅的级别法则

缠论的奥妙之处在于级别。级别实际上解决了一切公开的自由经济的金融证券市场，都是能够进行完全分类操作的。既能够按照自己的操作级别来从事有利可图的交易，也能够游走于各个走势级别之间，从事全方位的立体操作。

进入股市，最重要的则是确定操作级别，所谓短线交易者、中线交易者以及长线交易者，事实上是对应的所选的操作级别的不同。可是传统技术分析对于级别的划分十分混乱，没有完全分类，造成绝大多数的散户赔钱，市场主力就是利用了散户的贪、嗔、痴、疑、慢，在小级别上兴风作浪，去配合许多有利于主力的舆论宣传，疯狂地转动市场的"屠龙刀"，把散户"碾成肉酱"。想要在股市中生存下去，应该对市场加以完全分类，按照分类的明确界限，事前准备好各种应对之策，做到不测而测，而缠论的级别分类则正是如此一种方法。

一、级别的理解和应用

级别是缠论的发现之一，用它来观察走势、走势类型中枢以及线

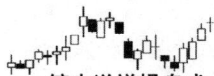

段等，就是显示级别的标记。

也就是说，对任何一个交易者，当任意打开一个图表，有走势便有级别的存在，级别的判断是通过中枢或者线段。辨别了级别，走势便会一清二楚了。

1. 级别的理解

级别首先是一个立体和自由的概念。由于许多因素，我们习惯性地将级别划分为 1F、5F、30F、1D、5D、20D 等。然而这种划分只是人为的一种习惯，级别是一个圆滑的描述，一个 1F 上的线段或许在 6F 的级别上组成了笔，然而在 5F 上却只是五六根具有包含的 K 线。那么我们是否只有到 30 分钟以上寻找这段 1F 走势的意义呢？

虽然级别是立体的，但是它把整个市场几天、几周、几月的走势分成了若干平面展现给交易者。立体地对待级别，交易者能够自由地跟随市场的运行而思考，平面地对待级别，交易者也能够在一个唯一的平面内找到面前图形中唯一的解答。然而不管怎么样，必须认真地去理解级别的意义。级别有如下含义：

（1）**级别从理论上向大能无限扩张，向小也能无限细分。然而从实用性来讲，三个就够了。这三个是次次级别、次级别以及本级别。**

（2）级别的起点。本级别规定了起点。

（3）级别的组合。定义了最小级别（这里就是次次级别），规定了起点之后，次级别、本级别都是层层组合上来的。

（4）级别与走势。走势能够无穷延伸，超过本级别更大的级别，可以同级别分解，必须重新设置起点。所谓个人操作级别的大小，实质上从自定义最小观察级别的一刻起，就规定死了。有什么样的次次级别，一定有什么样的本级别。

（5）级别与中枢。缠论将其理论概括为"一个中心，两个基点"，在以走势终完美为核心的理论观照下，由中枢和级别逐步展开。从操

作层面上看，级别就是一个关键，中枢的引入与设计就是为级别服务的。不过，若不深刻地理解中枢的内涵，不学会笔与线段，就无法找准中枢，级别必然是一塌糊涂。级别的设计有着一套很严格的规则，这一点应当要有清醒的认识和理解。

（6）级别与节奏。如果没有节奏只有去死，最标准的节奏则是买点买、卖点卖，买卖点就是一种节奏。买卖点的确立应该有级别的观照，这则是最根本的前提条件。因此，没有级别就是没有节奏。

（7）级别与成交量。在缠论中，级别与时间、价格都无关，因此，有的人就认为级别与成交量有着密切的关系，是量价关系的另一面。然而这种观点存在一定问题。缠论在理论中对于成交量的描述极少，并且把成交量与 MACD 之类的东西大体列入同一个层面。形态学和动力学是构成缠论的主要内容，而缠论实际上是一种几何学，因此形态学在缠论中是首位的，这也是缠论在很多地方都反复强调的观点。动力学主要是涉及能量变化，必须会与成交量有一定关系，然而这种能量变化却不能简单以成交量的大小当作判断根据，仅仅是一种参考。在传统股票分析技术中，骗线的情况到处都是，骗量的现象也非常多。我们举一个较简单的例子来说明：当一只股票被主力高度控盘之后，每天的成交量可能比较少，然而股票上涨的力度却不见得小，此时如何判断股票运行的能量大或者小？所以，将级别与成交量等同起来，很明显是不够准确的。从根本上说，成交量与价格都是外在表现形式的一个方面，就是心理预期的变化。但是，从这个角度来看，笔、线段、中枢和走势类型之类的东西，也是心理预期的变化和描述。中枢就是一定区域内买与卖能量博弈的相对平衡，价格有效交易一定会呈现出成交量的形态，然而如果只停留于成交量的表层形态，对它的本质的理解和把握就容易出现盲点。

总之，**级别是以中枢为构件并按照某种特定规则运行，市场交易**

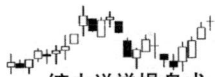

者依照它对走势进行分类，并且用它来观察、分析和操作。

2. 级别的应用

在缠论中，**没有级别就没有方向：大级别是指年线、周线、日线，是大方向；小级别是指 60F、30F、15F、5F，是局部、细节，就是小方向。**大级别走好向上的时候，小级别的波动就能用震荡、洗筹来处理，这时候必然的选择就是持股为主。假如技术可以，则运用小级别的买卖点来增加收益，以降低成本；假如技术不行的话，就只能耐心地持股，否则的话，应用小级别的买卖点就有丢失筹码的风险，等着大级别卖点的来临。卖出以后，耐心地持有，不要随小级别的波动而心动，等着大级别的买点来临，只有如此循环，没有其他。

"级别"就是由资金量、性格以及系统风险所决定的，缠论认为级别就像几何的公理一样，是不必要进行定义的。实际上，级别无处不在，其本质就是规模大小、质量差异，100 万元与 1 万元除了在规模上区分之外，还在于进入的周期不一样。1 万元可能在 1F 级别上能够自由地出入，而 100 万元必须要考虑至少日线"底分型"成立，趋势明朗的时候才能进入。

因为走势类型是有级别的，背驰、资金量、操作都有级别，所以买入与卖出也有级别之分。

通俗来讲，级别必须是"分类后的再分类"，分类的理念贯穿缠论技术体系的整个过程，也是缠论的灵魂所在。缠论曾经这样指出，**很多人迷恋于那种上帝式臆想的理论，却不知最简单的分类才是最大的真理，能够科学地、完全地分类的理论肯定是完备的理论。**

我们可以粗略地将 1F、5F、30F、日、周、季、月和年周期当作级别的升级，可是前面讲过，也应该刻板地对应，不过有时 15F、60F 就是很好的辅助判断。缠论一再告诫股票操作要杜绝"一根筋"思维。

二、递归级别

缠论的伟大之处，就在于它发现了股市是一个吻合于自然、社会等复杂系统普适的描述性的几何模型，**即通过自相似性结构的自组与级别间的扩展自组递归函数**。而缠论的应用，在于对这个严密的数学系统的熟练和掌握，也就是，**运用了动力和形态相结合的方法，并寻找到这个递归函数不同级别间的节点**。

那么，什么叫作递归函数呢？

在数学上，关于递归函数有这样的定义：对于某一函数 $f(x)$，它的定义域就是集合 A，那么如果对于 A 集合中的某一个值 $x0$，它的函数值 $f(x0)$ 是由 $f[f(x0)]$ 所决定的，则称 $f(x)$ 为递归函数。

在编程语言当中，将直接或间接地调用本身的函数称为递归函数。函数的建立一般需要一个函数或一个过程来完成。

一个含直接或者间接调用本函数语句的函数被称为递归函数，它应当满足如下两个条件：

（1）在每一次调用自己的时候，应该是在某种意义上更接近于解。

（2）应该有一个终止处理或者计算的准则。

我们再来看一看缠论中的递归函数的意义。

走势就是以中枢为基本单元，经过级别联立组成立体的、层次分明的系统。

相邻级别之间，遵守同一个递归的标准，也就是：**本级别中枢是次级别三个走势类型的重叠**。

级别是这样界定的：通常一般我们所运用的 1 分钟、5 分钟、30

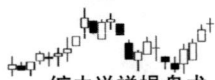

分钟、60 分钟、日（周）结……级别界定方式，仅仅是为了看盘方便而已，并不是天然生长的级别。

递归函数的构造基本条件是对自身的引用，而一个终止处理条件就是函数运算的前提，否则的话可能很难运算或者陷入死循环。具体到缠论上，则是第一单交易，这是唯一的起始点。

那么，我们如何去选择初始分析级别（一般所说的最低级别）？这是个很多人疑惑的问题。

实际上，如果这个问题理解了上面所说的递归函数构造的终止（如果递归称为起始）原则，便不存在了。为了能更直观地、更容易地理解，下面来具体地讲一讲。

初始级别就是递归函数的起始点。

将初始级别先取出来。初始中枢就是所选最低级别三个线段的重合部分。

线段只是与最低级别有关。假如在某级别定义线段，则就认定它是最低级别了，为避免混淆不清，我们称作初始级别。线段被人为认定是初始级别的次级别走势类型。

而分型、笔都是线段构建的条件，分型只是与笔发生直接关系，笔只是与线段发生直接关系。譬如选择 5F 为初始级别，则 5F 的线段就认定是次级别走势类型，无论是否符合 1F 的实际走势类型。同样，譬如选择 30F 为初始级别，则 30F 的线段就认定是次级别走势类型，无论它是否符合 5F 的实际走势类型，而图上能够看到的 1F 基本就不用考察了。也就是说，**当选定了某个级别当作分析的初始级别之后，它的次级别以下的波动就可以全部忽略掉了**。

在实际运用当中，一般为了兼顾准确和简便，选操作级别当作初始级别，运用次级别来确定精度，用高一级别来观察中期方向，用高二级别来观察长期方向。

初始级别的选择，必须综合考虑以下几个条件：资金量、标的活跃度、技术熟练度、投机性质、看盘时间、方便性等。

精度的选择，除了与操作级别有关系之外，还必须考虑本期计划交易量，以及标的交易量可承受范围。

三、走势级别

关于"走势级别"问题来看一看缠论的相关论述：

"所谓走势的级别，从最严格的意义上说，可以从每笔成交构成的最低级别图形不断按照中枢延伸、扩展等的定义精确地确认出来，这是最精确的，不涉及什么 5 分钟、30 分钟、日线等。"

"用 1 分钟、5 分钟、30 分钟、日线、周线、月线、季线、年线等的级别安排，只是一个简略的方式，最主要是现在可以查到的走势图都是这样安排的。"

"走势是客观的，而用什么级别去分析这走势却是主观的。"

"再者，关于级别的问题，如果想不明白，可以当成用不同倍数的显微镜去看一滴水，由此当然会看出不同的精细度，级别之于走势也一样。"

"再次强调，什么级别的图和什么级别的中枢没有任何必然关系。走势类型以及中枢就如同显微镜下的观察物，是客观存在的，其存在性由上面所说最原始的递归定义保证；而级别的图，就如同显微镜，用不同倍数的看这客观的图就看到不同的精细程度，如此而已。所以，不能把显微镜和显微镜观察的东西混在一起了。"

"注意，这里的级别和缺口所在的 K 线图无关，只和本人理论中的走势类型级别有关。不同周期 K 线图和走势的级别，就如同不同倍数显微镜和显微镜所观察的物体，这个比喻反复说了，不能再混淆了。"

由此可见，走势级别的确立取决于两个方面：一方面是走势中枢的级别，另一方面是走势中枢次级别走势类型的设定。

图 6-1 是走势级别分析混乱示例。

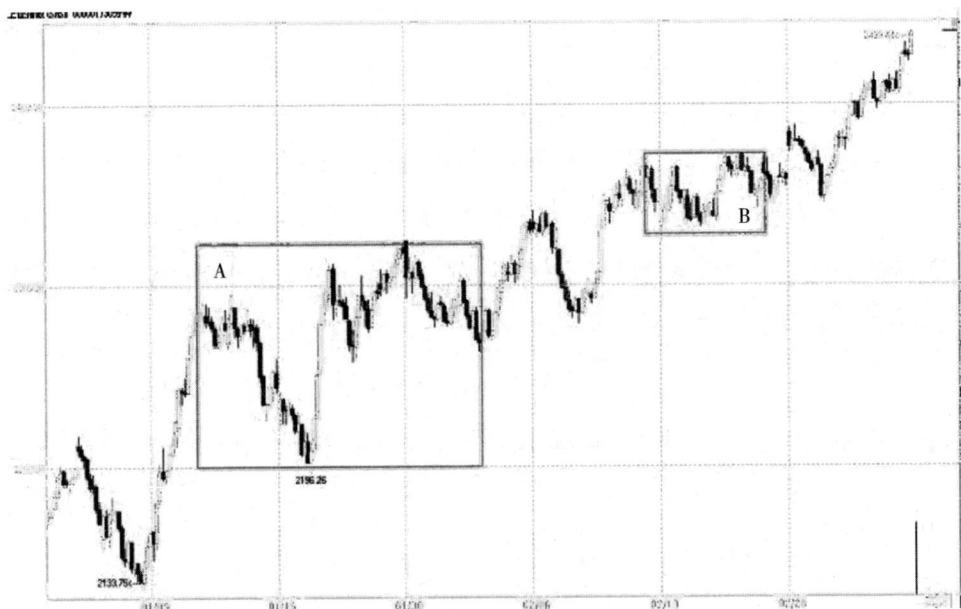

图 6-1　走势级别分析混乱示例

对走势级别分析的错误结论是：图 6-1 框 A 与框 B 中的走势中枢级别是不一样的，A＞B。如果严格按照级别递归分析，其结论则是 A＝B。

后市走势在以非标准背驰或者小转折大转折之后往下走出五分级别走势类型时，以及出现第三个中枢（称为 C）并且与框 B 中的走势中枢构成相类似时，将不能暴露这种错误的走势分析方法。而后市走势出现第三个中枢（称为 C）并且与框 A 中的走势中枢构成模式类似

时，则这种错误的走势分析将会把自 2133 开始的走势划为二中枢趋势。等这个趋势出现背驰时将会出现很大的分析结论错误。

四、确定你的操作级别

进入市场中首先必须明确，你要按照什么级别进行操作。所谓短线、中线以及长线交易者，实际上是对应的所选的操作级别不一样。缠论作出如下论述：

"级别的意义，其实只有一个，基本只和买卖量有关。日线级别的买卖量当然比 1 分钟级别的要多得多，本人可以用更大的量去参与买卖，例如 100 万股、1000 万股，甚至更多。"

"根据各种情况，你就可以相应定好自己的操作级别，这样就可以按照相应的级别分析、操作。也就是说，一旦该级别出现买卖点，你必须进入或退出。也就是说，在你的操作级别上，你是不参与任何调整或下跌走势类型的。"

由此可见，缠论明确地指出了**你操作的级别，就是依照你的资金量、操作水平以及可操作的时间对操作级别作出选择**。这种级别有着相对的稳定性，除非你的资金量、操作水平以及操作时间发生了改变，否则的话，就不要改变。简言之，当你的操作级别一旦出现买卖点的时候，就应该采取相应的操作。

级别与趋势理论中基本趋势、大趋势和小趋势以及波浪理论中的大浪套小浪是一个道理，描述的是一种事实。你要做的是，先要确定你的操作级别。

如果你的操作级别是 5F，你就必须找到最近的一个 5F 中枢，围

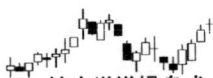

绕着它去寻找买卖点。而一个 5F 中枢的买卖点可能有三种，那就是第一、第二、第三类买卖点。第一、第二类买卖点出现的条件是这个 5F 中枢是一个 5F 趋势的最后一个中枢，假如是买点的话那就是底背驰，其后则是这个 5F 趋势，也就是走势类型结束了。此后就要形成 5F 的反弹。那么从一个大的框架来看，5F 的走势要么出现在一个大级别的盘整之中，要么出现在一个对两个大级别盘整的连接之中。不管是哪种都会面临着更大级别的中枢、更大级别的走势，因此许多人就糊涂了，忘了自己的"定海神针"。不过此时，你必须关注的不是什么中枢扩张，那与你的操作无关，你应该关注的是下一个 5F 走势，该 5F 走势是盘整还是趋势，无论怎么说必须会出现一个 5F 中枢，针对这个中枢你能够找到下一个买卖点。买卖点也是有级别的，第三类从某一种意义上说比第一、第二类低一级。必须要记住你拿的是多大倍数的放大镜，否则真的会糊涂了。

不管是在 1 分钟、5 分钟、30 分钟、日、周、月、季、年等任何级别上，还是在相应的任何级别的图上，所有的走势都一定完成。给出的提示是：**买卖操作只能在相应级别的起点与终点附近进行，除此以外都必须等待**。对应一定有操作级别、操作策略、操作方式以及资金管理方式的确定，甚至能够延伸到基本面上企业经营状况、市场环境、各种政策在对应级别上的确定和作用。

为此得到缠论操盘的基本法则：

（1）确定操作的最大级别当作基本操作级别。

（2）在基本操作级别下，来确定可操作的次级别以下级别。

（3）在所有操作级别确定以后，按照实际资金的多少来确定在各个级别操作时动用资金的多少。

（4）在（3）的基础上，来确定各个级别资金进入与退出的原则（走势的起点、终点附近）。

（5）对于大资金来说，应该确定各个级别进入与退出的先后原则和方式，并且评估对市场的影响，以及反作用对资金运作的影响。

（6）某级别的操作策略应该在上一级操作级别的操作策略框架之下进行，并且服务于上一级别的操作策略。

（7）对高级别的具体操作位置来说，可以由次级别以下级别的具体完成位置和情况来确定。

对于交易者而言，必须分清自己的操作级别，再进行相应的操作，这是非常关键的。所有操作都是依据一定级别的，如果脱离了级别，那么就没有了操作的最基本的条件。不一样的级别，对应着不一样的操作策略。

深刻地理解级别的实质就是操作。若确定了操作级别，则资金对应了次级别和次次级别，入场就是这样，出场也是这样，去构建有纪律的操作原则。这就是一个可以控制风险的盈利模式。

五、级别的分类

缠论提及两种级别系统：K图级别与走势级别。

第一种级别，就是按照K线图的级别进行划分的，把这种称为K图级别。

比如日线的第三类买点，30分的第一类买点；事实上这些只是在30分图上，在日线图上所看到的买点，与30F、日线级别的买点并不是一个概念。

第二种级别，则是目前每天在讲的1F、5F这些级别。

由于大家都是运用1F图来讲解大盘。因此绝大多数人就认为5F

图上可以看到的中枢就是 5F 中枢，这是极其错误的，很有可能 30F 图上所看到的中枢都只是个 1F 中枢。这后一种级别就是递归来的，则是一层层推上来的，这称为走势级别。

缠论说过：**在低级图上运用中枢、走势类型。在高级图上应用分型、线段，等于有两套有用的工具去分析同一走势，这就是天大的好事。**

市场是不关心级别，然而交易者必须根据级别来分类。

那么，只要你统一了级别的分类，就可以了！

由于，从市场角度来讲，并不存在一个上帝式的分类标准，级别的划分必须从实用角度来进行。这并不是最严格意义上的划分，最严格的划分，必须按照递归函数计算。

首先，统一一下讨论的概念，可以分为两大类，即 K 线图的级别和走势的级别。

第一类：K 线图的级别。

这是按照你打开的 K 线图来说明的级别，你打开 1 分钟图，可以说就是 1 分钟级别，30 分钟图可以说就是 30 分钟级别，只要你一直按照如此的习惯来说明、分析走势，是可以的，只要你自己不乱就行。将 K 线图级别统一称为：1 分钟 K 线级别、5 分钟 K 线级别、30 分钟 K 线级别……必须注意的是，30 分钟 K 线图上最低级别则是 30 分钟级别。

第二类：走势的级别。

这是按照严格的递归方法来定义的分类，看中枢的级别来定义走势的级别，这则是最标准的级别。我们在实战中的区间套运用的就是这种级别。在 1 分钟图上分析走势就是运用这种级别。

由 $f(x0)=x1$ 的递归来定义的缠论 K 线级别，它是将某分钟 K 线图当作最低单元，分笔和分段之后不要看作走势的级别，逐级递归上去。

统一称为：1 分钟 K 线 1F 走势级别、1 分钟 K 线 5F 走势级别……5 分钟 K 线 5F 走势级别、5 分钟 K 线 30F 走势级别……要注意上面的省略号，很明显地，1 分钟 K 线级别等同于 1 分钟 K 线 1F 走势级别；5 分钟 K 线级别等同于 5 分钟 K 线 5F 走势级别……接着来讨论问题的表述，应当是这样：XX 分钟 K 线 YYF 走势级别，YYF 中枢就是表明以什么时间 K 线是最小单位，递归得到的什么级别的级别、中枢；由于 XX 分钟 K 线级别等同于 XX 分钟 K 线 XXF 走势级别，因此 XX 分钟 K 线 XXF 走势级别能够简称为：XX 分钟 K 线级别及中枢。

的确不分为两类，就一个名称是最好的：XX 分钟 K 线 YYF 走势级别，XX 等同 YY 就是第一种情况，不等同就是以 XX 分钟 K 线为最小 K 线单元递归上来的级别，这样就是一个名称统一了所有的情况。

而 5 分钟 K 线级别（等于 5 分钟 K 线 5F 走势级别）与 1 分钟 K 线 5F 走势级别，既有关联，又不能等同。

其中的区别则是：5 分钟 K 线级别是用小倍数显微镜才能看到的，非常粗糙，1 分钟 K 线 5F 走势级别是用大倍数显微镜就能够看到的，十分精细，大多数的常规走势下划分出的中枢是一样的。

缠论是这样总结的：

"按严格定义操作，必须从最低级别开始逐步确认其级别，太麻烦也没多大意义，所以才有了后面 1 分钟、5 分钟、15 分钟、30 分钟、60 分钟，日、周、月、季、年的级别分类。在这种情况下，就可以不太严格地说：三个连续 1 分钟走势类型的重叠构成 5 分钟的中枢，三个连续 5 分钟走势类型的重叠构成 15 分钟或 30 分钟的中枢。在实际操作上，这种不太严格的说法不会产生任何原则性的问题，而且很方便，所以就用了，对此，必须再次明确。"

"在实战中，这两种级别是两套工具，可以互用。走势的级别用在分析走势的精确度、买点的精确度上。K 图的级别用在一眼看走势的

清晰度上、大资金上。"

六、同级别分解

1. 同级别分解的内涵

所谓同级别分解指的是，将所有走势按照一个固定级别的走势类型加以分解。比如以 30 分钟级别作为操作标准的，就能够用 30 分钟级别的分解加以操作，对任何图形来说，都能够分解成一段段 30 分钟走势类型的连接，在实际操作中只选择其中的上涨与盘整类型，而回避所有下跌类型。

同级别分解有着唯一性，并不存在半点含糊乱分解的可能。对于这种同级别分解视角下的操作，永远只是针对一个正在完成的同级别中枢，一旦这个中枢完成，就持续关注下一个同级别中枢。

应该注意，在这种同级别的分解当中，是不需要中枢延伸或者扩展的概念的，对 30 分钟而言，只要 5 分钟级别的三段"上下上"类型或者"下上下"类型有价格区间的重合就组成中枢。假设这 5 分钟次级别延伸出六段，那就当作两个 30 分钟盘整类型的连接，在此分解中，就是允许"盘整+盘整"情况的。

应注意的是，之前说不允许"盘整+盘整"是在非同级别分解方式之下的，因此不要混淆了。

问题的关键在于是否明晰并且容易操作。更深入地说，走势分解、组合的难点在于走势有级别，而高级别的走势就是由低级别组成的。处理走势最基本的方法有两种：一是纯粹根据中枢来进行的；二是纯粹根据走势类型来进行的，然而更有效的是在不同级别中组合运用。

这种分解对于一种机械化操作来说非常有利。

2. 同级别分解的规则

同级别分解规则有如下三条：

（1）在某级别当中，不要进行定义中枢延伸，允许该级别上的"盘整+盘整"连接。

（2）规定这个级别以下的所有级别，都允许中枢的延伸，但不允许"盘整+盘整"连接。

（3）对这个级别以上的所有级别来说，就不用考虑，由于所有走势都按照这个级别给分解了。

3. 同级别分解的操作程式

我们可以从一个下跌背驰开始，用一个 30 分钟级别的分解作为例子：根据 30 分钟级别的同级别分解，首先一定出现往上的第一段走势类型，按照它的内部结构可以判断它的背驰或者盘整背驰结束点，先卖掉，其后一定有往下的第二段，这里会有两种情况：

（1）如果不跌破第一段低点，就考虑重新买进。

（2）如果跌破第一段低点，并与第一段前的往下段形成盘整背驰，那么也可以重新买入，否则的话继续观望，一直到出现新的下跌背驰。

在第二段重新买进的情况下，其后出现往上的第三段，相应地也会面临如下两种情况：

（1）超过第一段的高点。

（2）低于第一段的高点。

对于第二种情况来说，必须是先卖出；但第一种情况，又分为如下两种情况：

（1）若第三段对第一段形成盘整背驰，此时就要卖出。

（2）若第三段对第一段不形成盘整背驰，此时就要继续持有。此过程能够不断延续下去，一直到下一段往上的 30 分钟走势类型相对前

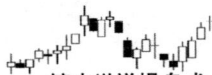

一段往上的走势类型出现不创新高或盘整背驰为止，这就结束了往上段的运作。往上段的运作，都是先买入后卖出的。一旦往上段的运作结束之后，便进入往下段的运作。往下段的运作正好相反，是先卖出后买入，从刚才往上段结束的背驰点开始，所有操作正好反过来就可以了。

第七章 缠中说禅的背驰法则

　　背驰概念在大多数的技术理论中早已有，然而作出明确定义的，缠中说禅则是第一人。背驰的最重要的地方在于它是市场分界点判断的最基本手段。背驰引起至少同级别的或者大级别的转折。因此，一旦决定了介入的级别，在这个级别的背驰终点则是买卖点。而这个买卖点在理论上可以用100%保证。

　　背驰则属于缠论的动力学范畴，是以中枢形态学加以定位的，从而"走势终完美"。没有趋势，便没有背驰。只要有了背驰，才会有转折。判断出了背驰，才能买卖。背驰必然与中枢有关，在不同的级别之下，中枢的不同位置有第一类、第二类、第三类买卖点。

一、关于背驰的概念

1. 背驰的含义

　　背驰指的是在某级别趋势当中，形成最后一个本级别中枢的第三类买卖点之后的趋势力度比这个中枢以前的次级别连接趋势力度要弱。也就是说，**背驰实际上就是力度衰竭的表现**，比如在图7-1的①中，C段与A段相比。盘整中当下笔或者线段比前一笔或者线段力度要弱，

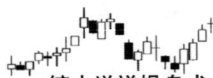

便产生了盘整背驰，比如在图 7-1 的②中，C 段与 A 段相比。

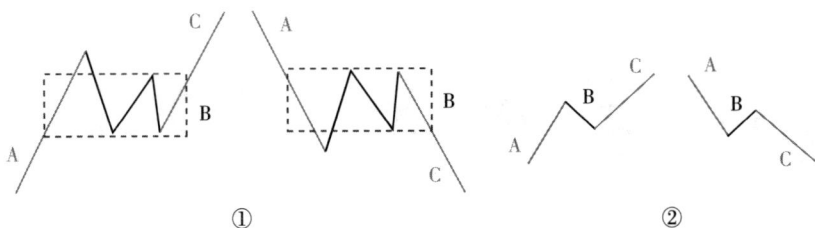

图 7-1

简单来说，背驰就是背道而驰的意思，指走势与某种东西背道而驰了，非常容易理解，这种东西就是量能。

那么，什么是量能呢？从物理学的角度来看，其实就是加速度的平方。量能与成交量并没有一定的关联。它好比是你在荡秋千的时候后面推你的手，假如这只手停止推你的话，尽管你很可能因惯性荡得很高，可是你必然会停下来的。假如走势要是背驰的话，那么必须先要找到一种指标能够表示这种量能，而 MACD 的红绿柱便很吻合。

即使有了指标，接着最关键的就是找出走势创下新高，可是指标没有创新高的地方，那就是走势与指标背驰的地方。在此过程中，最关键的是必须清楚地了解哪两段进行比较。而这应该是在理解走势和级别的基础上才能做到。背驰从某一种意义上来讲只有两种：背驰和盘背，它们分别对应的走势的两种类型则是趋势和盘整。其他的比如段内背驰都能够放在更大的放大镜下，根据趋势背驰或者盘整背驰去观看。

假设你的操作级别的最近一个中枢是在一个趋势当中，那么你要做的则是根据趋势背驰的判断方法而进行去判断背驰。不过，若这个趋势没有背驰，那就存在了从这个最后中枢走出的次级别走势盘整背驰的情况，甚至次级别也没有盘整背驰，然而出现了这个走出的次级别走势趋势背驰等情况。这些背驰反弹的力度是有极大区别的，换言

之，理论上保证了反弹幅度是不相同的，这应该在理解级别的情况下认真地去甄别。

2. 背驰的级别

所谓背驰是分级别的，譬如一个 1 分钟级别的背驰，在很多情况下，是不会创造一个周线级别的大顶，除非在日线上同时也形成背驰。然而形成背驰后一定会有逆转，逆转到重新形成新的次级别买卖点为止。也就是说，**所有的逆转一定包含某级别的背驰**。而逆转并不意味着永恒，比如，在日线上往上的背驰创造一个卖点，下跌之后，在 5 分钟或者 30 分钟形成往下的背驰创造一个买点，接着从这个买点开始，又能够重新上升，甚至是创新高，这则是非常正常的情况。假如市场的转折与背驰在级别上都有一一对应关系，则这个市场就没有任何意义了，而且极其呆板。只有这种小级别背驰逐渐积累之后制造大级别转折的可能，才能够让市场充满当下的生机。

那么，背驰的级别是根据什么周期表上 MACD 回抽 0 轴来进行辨别？背驰的级别是如何确定的？请看如下：

（1）要观察 MACD 是否回抽 0 轴。

（2）MACD 回抽 0 轴之后，去观察 MACD 的黄白线的位置是否有差距。

（3）如果黄白线的位置有差距，就进入背驰段，这时候打开次级别图表，去观察背驰段中的背驰是否成立。

（4）在背驰段中的背驰可以去参考 MACD 红绿柱的面积的绝对值。

上述四个条件都满足，那么本级别背驰就确立了。

实际上，背驰就是市场的一种合力，不是主力能够控制的，也不是经验之谈。背驰就是市场合力发生变化的一种客观表现。

二、背驰的主要类型

背驰有几种主要类型，分别为趋势背驰（其实就是标准背驰）、盘整背驰、内部背驰以及笔背驰。

1. 趋势背驰

趋势背驰：**在走势趋势中形成的背驰，被称为趋势背驰。**在上涨趋势中的背驰称为上涨背驰；在下跌趋势中的背驰称为下跌背驰。趋势背驰是真正的背驰，又可以称为标准背驰。

趋势背驰就是与向中枢所形成的趋势中的 bc 段比较。趋势一定包含至少两个中枢，这里采取最简单的方式，设 A、B 为某段趋势的两个中枢。两个中枢前后通常都会有三段次级别走势，设它们为 a、b、c。则整个走势就能够表示为 a+A+b+B+c。

当 a+A+b+B+c 有了背驰的时候，首先 a+A+b+B+c 必须是一个趋势。而一个趋势便意味 A、B 就是同级别的中枢，a、b、c 就是分别围绕 A、B 的次级别震荡。B 这个大趋势的中枢就会将 MACD 的黄白线（也就是 DIFF 和 DEA）回抽到 0 轴附近。而 C 段的走势类型完成的时候对应的 MACD 柱子面积（往上看红柱子，往下看绿柱子）要比 A 段对应的面积小一些，此时就形成趋势背驰。c 一定是次级别的，换言之，c 至少包含对 B 的一个第三类买卖点，否则的话，就当作 B 中枢的小级别波动，完全能够运用盘整背驰来处理。假如 a+A+b+B+c 是上涨，c 必须要创出新高；a+A+b+B+c 是下跌，c 必然要创出新低。否则的话，那就是 c 包含 B 的第三类买卖点，也能够对围绕 B 的次级别震荡运用盘整背驰的方式加以判断。对 c 的内部加以分析，因为 c 包含

B 的第三类买卖点，所以 c 至少包含两个次级别中枢，否则满足不了次级别离开之后次级别回拉不重回中枢的条件。这两个中枢形成次级别趋势的关系，就是最标准、最常见的情况。在此情况下，就能够套用 a+A+b+B+c 的形式对次级别进行分析确定 c 中内部结构里次级别趋势的背驰问题，构成类似区间套的状态，这样对它后面的背驰就能够更加准确地进行定位了。

在通常情况下，趋势背驰第二个中枢后就形成背驰的情况，这个情况是非常常见的，尤其是在日线以上的级别，这种简直能达到 90% 以上，所以，若出现一个日线以上级别的第二个中枢，必须要密切注意背驰的产生。而在小级别当中，比如 1 分钟的情况下，这种概率要小一点，但也占大多数。四五个中枢之后才形成背驰，是非常罕见的。

2. 盘整背驰

盘整背驰：**在盘整走势中形成的背驰，称为盘整背驰。**往上盘整走势中的背驰称为盘整顶背驰；往下盘整走势中的背驰称为盘整底背驰。

盘整背驰就是与中枢中的前后同向段进行比较。假如在第一个中枢就形成了背驰，则这不是真正意义上的背驰，仅仅算作盘整背驰，它真正的技术含义就是一个试图离开中枢的运动，由于力度比较有限，被阻挡而重新回到中枢中。

通常而言，小级别的盘整背驰的意义并不太大，应该与其位置相结合，假如是高位，那么风险就非常大，通常是"刀口舔血"的活动。但若是低位，那么意义就不一样了，由于大多数的第二类、第三类买点都是由盘整背驰形成的，而第一类买点绝大多数由趋势的背驰形成。通常来讲，第二类、第三类的买点均有一个三段的走势，第三段通常突破第一段的极限位置，进而产生盘整背驰。必须注意，这里将第一段、第三段当作两个走势类型之间的比较，这与趋势背驰里的情况是

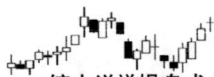

不一样的，这两个走势类型是否必须是趋势，问题都不太大，两个盘整在盘整背驰中也可以进行力度比较。

盘整背驰是非常有作用的，就是应用在大级别上，尤其是至少周线级别以上的，这种盘整背驰所发现的，通常就是历史性的大底部。与 MACD 相配合，这种背驰是非常容易判断的。

3. 内部背驰

内部背驰：它是从本级别以下的走势的内部进行研究。

这里有几条原则：

盘整背驰形成意味着本段走势的结束。本段走势是指本级别的上级别。盘整背驰意味着本级别的一段走势的结束，接着就会产生转折。在很简单的一个中枢走势段中，引起本段走势结束的有可能是盘整背驰或其内部背驰。

形成盘整背驰或盘整背驰意味着内部会形成背驰，然而并不一定是次级别形成盘整背驰，有可能是次次级别与次次次级别。

大级别的盘整背驰形成，它的内部一定有小级别的盘整背驰或者盘整背驰形成。

小级别的背驰大多数引起小级别的行情发生转折，然而也有小级别的背驰引爆大级别行情转折的情况。

大级别的盘整背驰与盘整背驰往往引起大级别的转折。转折的幅度与背驰没有关系。背驰只是意味着转折。背驰的级别和转折的幅度没有必然的关系。

4. 笔背驰

笔背驰又称为类背驰：它的稳定性非常差，通常极少用。判断的方法就是观察 MACD 的红绿柱伸长还是缩短来加以比较。而笔背驰的比较最好把本级别的笔切换到次级别中去用段背驰的方法加以比较。假设是 1F 级别的比较，由于它基本是最低级别，不过也可以看分笔进

行操作，然而这对股票的操作意义不太大，它来源于 T+0 制度，如此的低点大概连手续费都打不出来。

三、背驰的判断要点

背驰并不是技术分析理论中最高深的部分，然而的确是判断与操作中技术含量最高、实战经验的要求最高的内容，也是操作水平与盈利的关键环节。

在通常技术分析中，背驰就是股价与技术指标、股价与成交量、市场不同指数之间的不同步。

那么，我们如何去判断"背驰"呢？缠论先定义一个概念，叫作缠论趋势力度：前一"吻"的结束与后一"吻"的开始时短期均线和长期均线相交所构成的面积。在前后两个方向相同趋势中，当缠论趋势力度比上一次缠论趋势力度要弱时，便产生"背驰"。

1. 判断背驰的两种基本方法

（1）在本级别的次一级别图当中，运用缠论趋势力度寻找背驰。

（2）从本级别图中，运用缠论趋势平均力度：当下与前一"吻"的结束时短期均线和长期均线构成的面积除以时间。马上能够得出两段缠论趋势平均力度的强弱对比，一旦这次比上次弱，就能够判断"背驰"将要发生（其后运用 MACD 观察就会更加直观）。

关键是要学会运用均线过滤趋势级别，并明确没有趋势没有就背驰。缠论作出了这样的总结：

（1）形成趋势之后再谈背驰，对于一段趋势而言背驰只会一次。

（2）由短期均线和长期均线相交所构成的面积。在前后两个方向

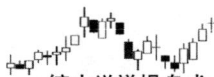

相同的趋势中，这次趋势力度比上一次趋势力度要弱。或是运用短期均线与长期均线形成的面积除以时间，一旦这次比上次弱，就能够判断"背驰"将要产生。形成趋势的才算是面积，否则的话不断缠绕的，是盘整。这应该弄清楚。

（3）如果股价创新高，那么 MACD 红柱子就会变短；如果股价创新低，那么 MACD 绿柱子就会变短。

（4）底背驰：长均线在向上趋势中。比如，日线图上 30 日均线。

（5）对于通道式的趋势而言，必须要运用黄白线的高度来判断。比如，尽管在上涨中，红柱子的面积比前面的小，然而黄白线却越来越低，这样就能够判断是背驰。尤其是第二次、第三次产生这种情况，那则是严重背驰了。此时，就要变天了，就要出大事了，必须要清仓。

2. 用买卖点判断

一个中枢两端和两个方向相同走势的力度，力度偏弱、接近衰竭时，市场即将发生逆转，便会形成一定级别的买卖点。根据缠论背驰——买卖点定理来进行说明：**任一背驰都一定创造某级别的买卖点，任一级别的买卖点都一定来源于某级别走势的背驰。**

3. 用 MACD 对背驰的辅助判断

先选定两段相同方向的趋势。相同方向趋势之间必须有一个盘整或者反向趋势连接，将这三段分别叫作 A 段、B 段、C 段。A 段与 C 段是同向的走势，B 段则是连接它们的中枢。假如是下跌的，便会在 MACD 指标中形成绿色；假如是上涨的，就会形成红色，将 A 段与 C 段红色、绿色的面积进行比较，则是判断背驰的关键。在上涨或者下跌的最后阶段，判断出来，通常都能在最高价位抛售和在最低价位附近买入。采用**将背驰与"区间套"相结合的方法，能够准确地去判断买卖点。**

4.背驰的当下判断

当有的走势走到最后的背驰位置的时候，背驰依然是十分明显的。假如可以将前面的走势分解好，当下判断背驰点就是没有任何问题的。

那么，当下如何判断背驰？

比如，我们以 abc 走势为例，在当前走势到 b 段的时候，是如何判断 b 段走势的完结？答案就是靠 b 段走势的此级别走势完成至少一个中枢的走势类型。当然这个你在当前级别的 b 段也能够看出来。而形成的这个走势类型中的 abc 三段走势产生 ac 背驰，就能够判定，即将形成一段上涨，这段上涨级别将至少达到 b 段的级别中枢位置。

而如何判断 c 段上涨的终结呢？

先是依据走势必完美，c 段一定构成这个级别的中枢，在 c 段内部运用背驰的方法加以判断，来确定卖点。

综上所述，要判断任何一段走势的完结的必要条件就是这个级别走势完美，也就是说，这段已经产生一个这个级别中枢，而走势的终结就要看段内的 ac 背驰。

四、趋势背驰后的三种情况

如果能分辨背驰，之后就可以比较准确地进行操作，接着要关心的，就是背驰以后会发生一些什么。应该注意，这里的分析则是对走势加以最根本的分类，在理论中把普遍的现象加以广泛的分类，那实际操作中就不必每天有事没事地来分个类，在实际操作中天天进行分类的，归结到根本上就是没有将理论的分类搞得很清楚明白。

缠论背驰-转折定理：某级别趋势的背驰将造成该趋势最后一个中

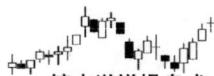

枢的级别扩展、该级别更大级别的盘整或者该级别以上级别的反趋势。这就是一个某级别的趋势走势类型，即a+A+b+B+c。

第一种情况：最后一个中枢的级别扩展。

在9点之后的走势若到达了7点而并没有到达5点，如图7-2所示。

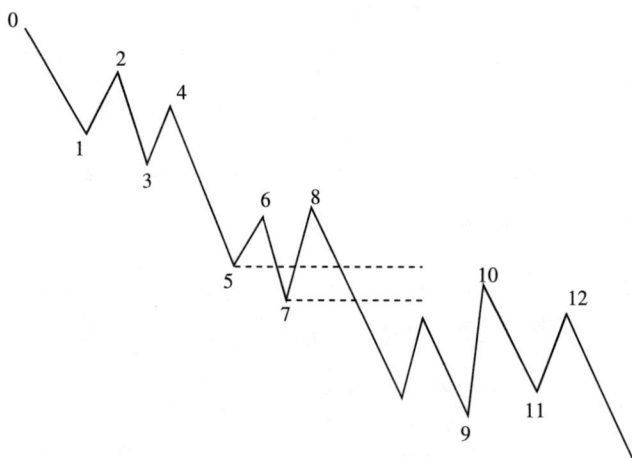

图7-2　最后一个中枢的级别扩展

在10点仅仅是突破了中枢震荡低点，此时9、10线段完成，那么从10点开始一定有一个往下的线段出来，走到11点，要注意，这个11点能够跌破9点，也能够不跌破9点，11点就是第二类买点，假设跌破了9点时，就是第二类买点比第一类买点低的这种情况。这次讨论完成之后，对第二类买点能不能低于第一类买点的这个问题应该清楚了。

12点的结束位置不管是否过了10点都没有关系。此时，9~12形成一个中枢，该中枢的震荡与前面中枢5~8有重叠，那么产生了对前面中枢的级别扩展。假如说0~9走势是1F级别的下跌趋势，那么此时就是走势升级，0~12就是由1F的下跌趋势转变为5F的盘整类型，缠论所说花开的过程，上面也是一个体现，鲜花慢慢地开大，由1点变成了 5 点。

第二种情况：更大级别的盘整，如图 7-3 所示。

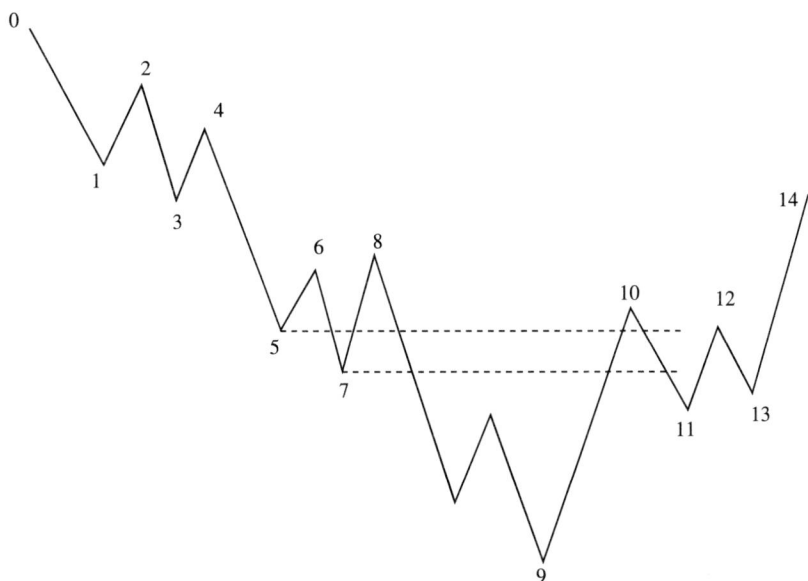

图 7-3　更大级别的盘整

假如 9 点之后的走势直接上穿到了中枢区间，或是把整个中枢都穿过了，则说明 9 点之后的走势很凌厉，当 9~10 走势完成之后，则其后必然是一个再次构成中枢的过程，13~14 的走势就离开这个中枢。假如 13~14 走势与 9~10 走势比较背驰，那么走势必须再次回拉，是因为这个道理非常简单，上涨不了只能下跌，是由于力度不够大，如图 7-4 所示。

在 14 点回拉之后就形成的一个走势，其中枢一定与前面的 10~13 中枢产生重叠而扩展成更高一级别的中枢，从而让走势变成了一个更大级别的盘。不过，这个变化过程还可能产生有两种情况：一种是相当于从 14 点开始形成更多的线段，从 10~11 开始震荡出 9 段而中枢升级；另一种是从 15 点开始，再开始一个往上的盘整，那么用 9~14、14~15、15~16 这三个次级别走势组成一个高级别的中枢。

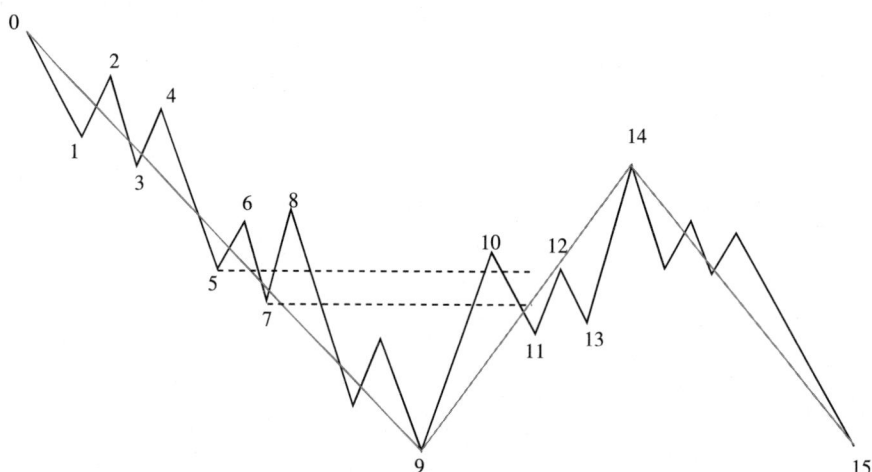

图 7-4　高级别的盘整

总的来说，怎样变化都变成了更大级别的盘整。至于这个高级别的盘整结束之后，市场是怎样选择方向，是往上走还是往下走，不在这次研究的范围之内。

第三种情况：该级别以上更大级别的反趋势。此情况的确与前面第二种情况相同，仅仅是力度上的区别而已。此情况的力度比第二种力度要大。

还是如图 7-4 所示，假如 13~14 与 9~10 比较不背驰，则走势必然进入到第二个中枢的形成过程中，后面的变化如图 7-5 所示。

在 14 点之后产生中枢，此时从 9 点开始的走势，就形成了反趋势，至于这个反趋势之后发展成为 5F 还是 30F，我们不要理会它，让市场自己作出选择。

再说明，这个定理中的"该级别以上更大级别的盘整"，不包括本级别，比如当前产生的是一个 1F 级别的趋势背驰，那么这个盘整是指最少 5F 的盘，不包括 1F。这个定理中的"或者该级别以上级别的反趋势"包括本级别，比如当前产生的是一个 1F 级别的趋势背驰，那么这个反趋势至少是 1F 的，包括本级别 1F。

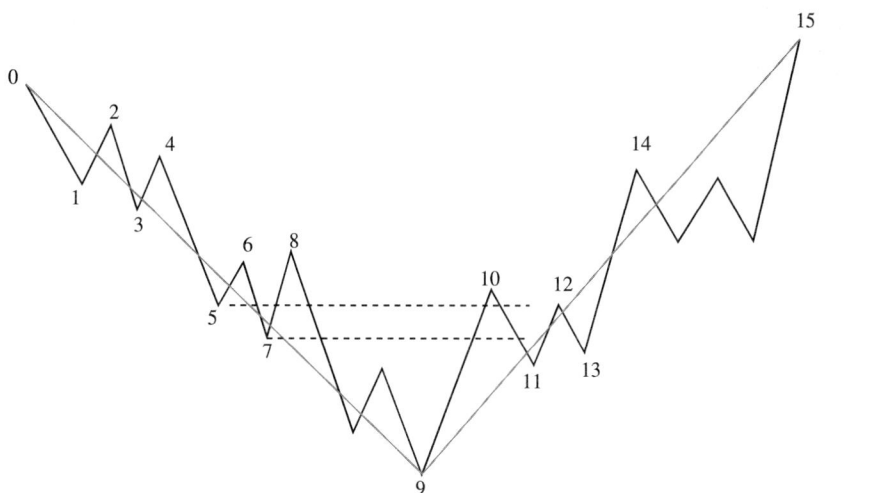

图 7-5　更大级别的反趋势

五、盘整背驰后的分类

盘整背驰之后的幅度是不能预计的，它没有任何保证，所谓的分类实际上就是依据盘背后回调的幅度对走势作出一个完全的归纳，进而总结出对实际操作有利的对策。

下面分类都是以向上走势 12345 为例，其中 234 构成中枢 A，5 脱离中枢创新高并对 1 产生盘整背驰，6 开始双回拉中枢，如图 7-6 所示。

第一，盘整背驰之后形成三买。

依据力度，又可以分为：

（1）弱三买。它是指六段回到中枢 A 波动区间最高点与中枢区间最高点之间，也称为扩张型三买。

（2）强三买。它是指六段回落在中枢 A 波动区间最高点之上。

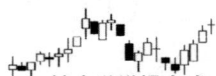

第二，盘整背驰后中枢震荡。

（1）强震荡。它是指六段回落到中枢 A 区间之内，而不低于区间一半高度。

（2）中震荡。它是指六段回落到中枢 A 区间之内，并低于区间一半高度，而高于中枢区间低点。

（3）弱震荡。它是指六段回落到中枢 A 区间之内，并低于中枢区间低点，而幅度不大，此后第七段拉回中枢 A。

第三，盘整背驰后的二三卖重合。

（1）弱三卖。它是指六段跌破中枢 A 区间低点，第七段回到中枢 A 区间最低点和波动区间最低点之间形成三卖，又称为扩张型三卖。

（2）强三卖。它是指六段跌破中枢 A 区间低点，第七段回到中枢 A 波动区间最低点之下。

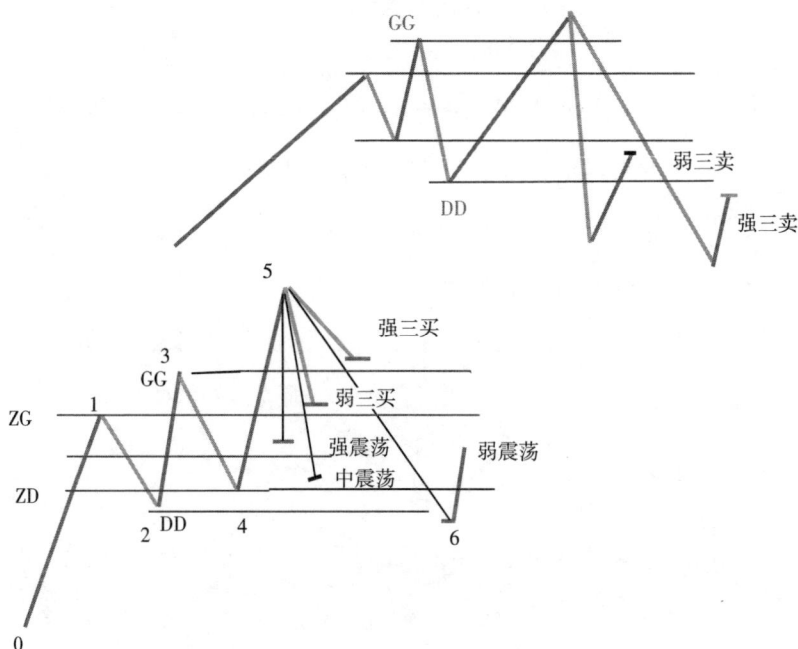

图 7-6 盘整背驰后的分类

不管是在第几个中枢，盘整背驰后这几种情况都会形成，下跌的时候反过来就可以了。在实际操作中应该掌握各种图形，做到心中有数，按照多级别联立分析和基本面在当下作出正确的对策。

六、小背驰-大转折定理

所谓小背驰-大转折定理，缠论作出了这样的论述："**小级别顶背驰引起大级别往下的必要条件是该级别走势的最后一个次级别中枢出现第三类卖点；小级别底背驰引起大级别向上的必要条件是该级别走势的最后一个次级别中枢出现第三类买点。**"如图7-7所示。

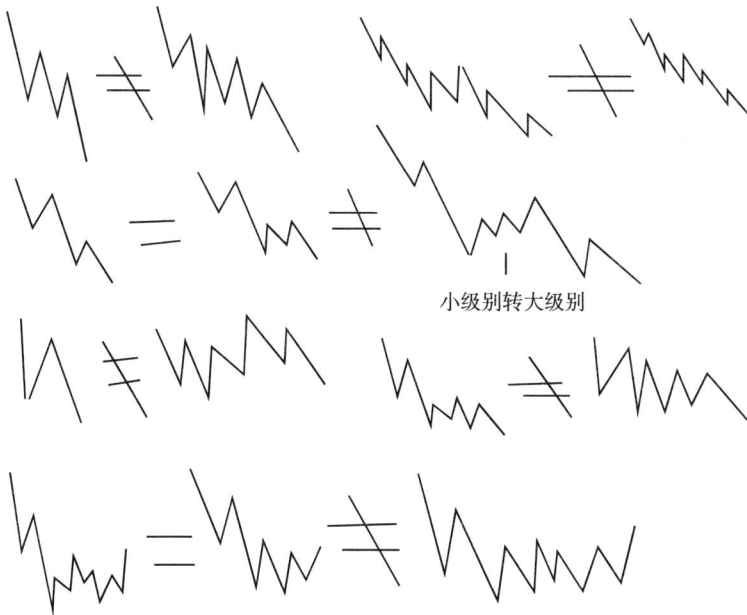

小级别转大级别

图7-7　小背驰-大转折定理

必须注意，对于这种情况来说，只有必要条件，但没有充分条件，换言之，不能有一个充分的判断使一旦发生某种情况，就一定造成大级别的转折。小级别顶背驰之后，最后一个次级别中枢形成第三类卖点并不一定就必然造成大级别的转折。很明显地，该定理比起"背驰级别等于当下的走势级别"最后一个该级别中枢的情况要弱一点，然而这是非常正常的，由于这种情况毕竟少见，并且要复杂得多，在具体的操作之中，应该有更复杂的程序来应对这种情况。

假如一个按照 30 分钟级别操作的交易者，则对于一个 5 分钟的回调一定是在它的承受范围之内，否则的话，可以将操作的级别调到 5 分钟。对于一个 30 分钟的走势类型，一个小于 30 分钟级别的顶背驰，一定至少要造成一个 5 分钟级别的往下走势，这个走势有如下完全分类：

（1）假如这个往下走势并未回到形成最后一个 30 分钟中枢的第三类买点那个 5 分钟往下走势类型的高点，则这个往下走势就不必理会，由于走势在可接受的范围之内。

（2）不过，在最强的走势之下，这个 5 分钟的往下走势，甚至不会接触到包含最后一个 30 分钟中枢的第三类买点那个 5 分钟往上走势类型的最后一个 5 分钟中枢，此情况就更不要去理睬了。

（3）假如那往下的 5 分钟走势跌破形成最后一个 30 分钟中枢的第三类买点那个 5 分钟回试的 5 分钟走势类型的高点，则所有的往上回抽都应当先离开。

综上所述，缠论告诉我们这样的操作方式：

在大级别图上去选择攻击目标之后，就必须选好"显微镜"，对其进行精细的跟踪分析，接着定位好符合自己操作级别的买点建仓，根据相应的操作级别加以操作，一直到将这只股票玩烂，直到厌倦或者又发现新的更好的可操作对象为止。从纯理论的角度来看，没有任何

股票十分有操作价值，中枢震荡的股票不一定比相应级别单边上涨的股票带来的利润少。

必须记住缠论所说的："**看走势的背驰、转折，不过是第一层次的东西，哪天，能看明白社会经济、政治等结构的背驰、转折，那才是更高层次的东西。**"

第八章　缠中说禅的走势判断法则

　　缠中说禅实战操作的要点就是走势分解。他着重强调其理论的精髓并不是什么笔、线段和中枢，而是"走势终完美"，笔、线段和中枢仅仅是判定走势是否完美的工具而已。

　　在缠论股票操作理论体系中，第一个极其重要的理论是走势必完美，这是所有理论的核心，其他定义、定理都是依照这一理论而产生并为它服务的。第二个重要的理论则是中枢理论，通过中枢理论来确认走势的完美性，进而构建出第一类、第二类、第三类买卖点。也就是说，走势必完美就是缠论的战略，中枢则是缠论的战术，第一类、第二类、第三类买卖点就是缠论的具体战役。

一、走势终完美

　　按照一般的股票软件工具，K线走势通常都具有从 1 分钟走势图到 5 分钟、15 分钟、30 分钟、60 分钟、日、周、月、季以及年的图形。有的软件可能仅仅提供了最低 5 分钟走势图，更极端的可能只有最低级别是 15 分钟的走势图。然而这些软件工具无论是从理论还是从实

践角度来看，一点都不影响市场走势分析和当下操作，如图 8-1 所示。

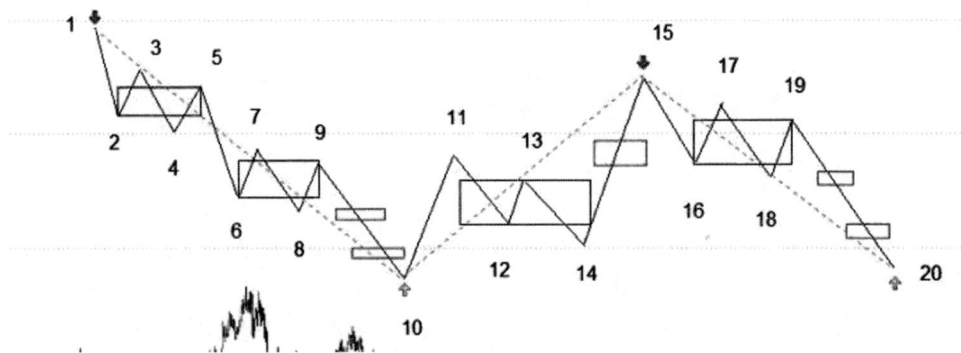

图 8-1　K 线走势

缠论中有一个非常重要的概念，就是"走势终完美"！

"走势终完美"有两个方面的含义：

第一，不管是上涨、下跌或者盘整走势终究要走完。

第二，上涨的结束一定是下跌的开始。

这给我们这样的启示：下跌的走势类型结束点则是最佳的买入点，缠论称为"第一买点"！关键的关键是怎么样判断前一下跌走势的结束。

缠论用标准化的公式引导我们分析：趋势为 a+A+b+B+c，盘整为 a+A+b。同向 bc 段的背驰力度与同向 ab 段的背驰力度是判断走势类型结束的唯一根据。由于有了 AB 这个中枢，才有了判断走势的方向。

缠论之所以要引入中枢扩张、扩展的概念，实际上就是为了引入级别升级概念。这样有了级别升级，才能有了级别的递归与递推，也便有了花开花落的走势终完美。

对于一段走势来说，缠论大多数时候说的是起点和终点。对于一段上涨的走势——起点就是底分型，终点则是顶分型；一段下跌的走势正好相反。然而，顶分型也不一定就是终点，由于还有中继性的顶分型和中继性的底分型。分型确定的方向并非是绝对的。对于中枢与

趋势，当然是有方向。然而，只有走出中枢上移或是下移才能够有趋势的形成，中枢的上移和下移形成之前，依旧是中枢震荡，依旧是混沌的、中阴的。

缠论应用数学的方法来准确地描述并表达了市场走势，对于市场而言，它的最基本的规律是什么呢？那就是上涨和下跌，如果去看任何一个走势，就会发现它们都逃不出上涨和下跌的框框，上涨多了，一定就会下跌，下跌多了，一定就会上涨，上涨中还包含小的下跌，在下跌中也包含小的上涨，就像阴阳交错一样，缠论正是来自这里。

那么，市场的上涨与下跌，最终会形成什么样的形态呢？先对级别抛开不谈，无论走势如何折腾，最终都逃不过这两种形态，它们分别是图 8–1 中的 1~10 和 10~15 这两种走势。而这两种走势称为走势类型，如果再细分的话，1~10 称为趋势走势类型，10~15 称为盘整走势类型，再与方向相结合，前者就是下跌的，被称为趋势下跌，后者就是上涨的，被称为盘整上涨。另外还有两种非常特殊的情况，则是扩张与扩展。比如 1~10 就是扩张，10~15 就是扩展，可以将它们都归纳到盘整走势类型。盘整与趋势，便构成了走势。

而一个趋势或者盘整走势的完成，便表示着一次"走势终完美"。一个"走势终完美"的主要要素，就是中枢、级别、背驰、买卖点以及它们之间各种互动，分析一个走势类型的完美，实际上就是分析上述的四个要素，而这些要素就决定了走势何时完美，并以什么样的方式完美。"走势终完美"的最基本结构在缠论操作体系中是极其重要的一种结果。

"走势终完美"反映了证券市场的基本规律。此市场应该是充分延异性市场。在充分延异性市场上，价格一定围绕价值波动，进而体现出往上趋势、往下趋势以及盘整。

已经结束的走势，则体现出静态的完美，所以这个走势能够用结

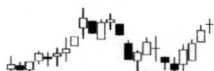

合律的原则被分解成可以被清楚解读的、某级别的趋势或者盘整。

正在产生的走势，就是体现出动态的完美，它必将成为某种走势类型。尽管我们不可能预测下一个走势一定是什么形态，然而我们能够依据已走出的走势的静态性，运用背驰对市场分界点作出明确的判断，从而能获得理论100%保证的买卖点。

"走势终完美"则显示出了缠论的大智慧。它并不是一个简单的类似于定理这类东西。它是只可意会不可言传的。因此，我们应当用心去体会。对"走势终完美"的理解，主要有如下几层含义：

第一，初级阶段。初级阶段是指上涨够了就下跌，下跌够了就上涨，盘整够了就下跌或上涨。

第二，中级阶段。中级阶段是指"走势终完美"体现为三段走势结构（构成中枢）。

第三，高级阶段。高级阶段是指"走势终完美"包含两个不可分割的部分，这两个部分是：

（1）必要条件。从形态学的角度来考虑，"走势终完美"就是走势的另一个特点，它的物化载体则是中枢，中枢构成是走势转折（走势完美）的一个必要条件。

（2）充分条件。从动力学的角度来考虑，"走势终完美"的起始点（转折点）是背驰点（第一类买卖点），所以背驰是走势转折（走势完美）的一个充分条件。

很明显地，前走势一定要被后走势所完美，而后走势在完美前走势的同时（指的是充分条件），也实现了自身的完美（指的是必要条件），换言之，前走势完美的充分条件一定造成后走势完美的必要条件，接下来继续等待下一个充分条件，就构成了完美的循环！

总的来说，**"走势终完美"的最终意义是要全力发掘一走势类型可能结束时的可能信号（或是说一走势类型必然结束前的必然信号），必**

须当机立断地进行操作。必须记住，就是当机立断！而缠论走势终完美的另一个意义就是告诉交易者这个信号一定存在，背驰是不以交易者的意志是否理解而一定存在并成立的，只是交易者是否能找到准确的问题。

二、走势类型的判断和分析

1. 走势的完全分类

缠论认为，**分清"走势类型"就是技术分析的关键所在，也是技术分析的基础。**

如果我们打开走势图所看到的就是走势。走势是在缠论的分笔、分段规范下有了不同级别的分类，即"趋势与盘整"，（趋势分为"上涨与下跌"）。那么，什么是上涨、下跌和盘整？

缠论在下面作出一个定义。首先应该明确的是，一切的上涨、下跌以及盘整均建立在一定的周期图表上，比如，在日线上的盘整，在30分钟线上可能就是上涨或者下跌，所以，一定的图表则是判断的基础，而图表的选择与上面所说交易系统的选择是一致的，与交易者的资金、性格以及操作风格等相关联。

所谓上涨是指最近一个高点比前一高点要高，并且最近一个低点比前一低点要高。

所谓下跌是指最近一个高点比前一高点要低，并且最近一个低点比前一低点要低。

所谓盘整是指最近一个高点比前一高点要高，并且最近一个低点比前一低点要低；或是最近一个高点比前一高点要低，并且最近一个低点比前一低点要高。

市场所有品种、所有周期下的走势图，都能够分解成"上涨"、"下跌"以及"盘整"三种基本走势的组合。

这三种基本走势有六种可能的组合，分别表示了三种不同的走势。

（1）陷阱式。即上涨+下跌；下跌+上涨。

（2）反转式。即上涨+盘整+下跌；下跌+盘整+上涨。

（3）中继式。即上涨+盘整+上涨；下跌+盘整+下跌。

市场的走势，都能够通过这三种走势得到分解。

从买入的角度对它们进行分类。

（1）有买入价值的是（结果就是"上涨"）：

下跌+上涨。

下跌+盘整+上涨。

上涨+盘整+上涨。

（2）没有买入价值的是（结果就是"下跌"）：

上涨+下跌。

上涨+盘整+下跌。

下跌+盘整+下跌。

由此可以看出，假如在一个下跌走势中买进，后面就会遇到一种没买入价值的走势，便是"下跌+盘整+下跌"，这比上涨的时候买入要少一种情况。因此，我们必须选择在下跌中买入。

在下跌的时候买入有两个风险如下所述：

（1）该段跌势未尽。其解决方案：在发生背驰的第一类买点买入。

（2）尽管该段跌势尽了，然而盘整之后就出现下一轮跌势。其解决方案：如果后面一旦出现盘整，那么就减仓退场，而不去参与盘整。此外，以后就会学到如何判断盘整后上涨还是下跌，若掌握了这个技巧，就能够依据该判断来决定是减仓退出还是利用盘整动态

建仓了。

2. 走势完全分类的买卖策略

依据上面的完全分类，我们可以制定出很多与它对应的买卖策略。其中，**缠论提出一种"中小资金的高效买卖法"。它就是在第一类买点买进之后，一旦形成盘整走势，不管其怎么样，都立即退场。**

此种买卖方法的实质，就是在六种最根本的走势中，仅仅参与唯一的一种：下跌+上涨。也就是说在"下跌"阶段去寻找形成背驰（第一类买点）的股票，买进以后，希望它的"上涨"。

那么，怎样去寻找满足条件的股票？该满足什么条件？下面运用完全分类的方法进行分析：

我们从这里向前推理——此"下跌+上涨"的前面可能会有两种走势：上涨或者盘整（但是不可能是"下跌"）。

假如前面是"上涨"，那么产生了"上涨+下跌+上涨"。

这在上一个级别（更大级别）的图形中是一个盘整，所以我们可以归入在盘整的操作中。换言之，当交易者期望运用"下跌+上涨"方法介入一只出现第一类买点的股票，假如它的前面的走势是"上涨+下跌"（这时候，其后的"上涨"仅仅是在预期中，尚未走出来），那么不必考虑。

应该注意的是，不必考虑并不意味着此情况没有盈利可能，而只是此情况可以归入盘整类型的操作中，然而"下跌+上涨"买卖方法则是拒绝参与盘整的。

假如前面是"盘整"，那么就是"盘整+下跌+上涨"。

如果前面是"盘整+下跌"型的走势之后形成了第一类买点，很明显地，此下跌是跌破前面盘整的。则再向前看，在这个盘整前的走势中，也只有两种：上涨和下跌。

对于"上涨+盘整+下跌"来说，实际上形成了高一级别的盘整，

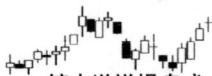

所以对于"下跌+上涨"买卖方法而言也不能参与此情况。

那么，只剩下这样一种情况：下跌+盘整+下跌。

通过上述的完全分类，运用"下跌+上涨"买卖方法，便只能选择一种情况。

前面已走出的走势就是"下跌+盘整+下跌"类型，而且在最后一段下跌的时候形成背驰（第一类买点）。

所以，我们能够制定一个运用"下跌+上涨"买卖方法去选择买入品种的标准程序。

（1）先去选择形成"下跌+盘整+下跌"的走势。

（2）在这个走势的第二段下跌形成第一类买点的时候进入。

（3）进入之后，一旦形成盘整走势，就必须坚决退场。

必须注意，此退场必定不会损失的，由于是运用低一级别的第一类卖点退场，是必须要盈利的。然而为什么要退场，由于它不符合"下跌+上涨"买卖"不参与盘整"的标准，盘整的坏处就是浪费时间，并且盘整之后很可能下跌，对于中小资金的交易者而言，就没有必要去参与。应该记住，买卖必须要按标准来，这样才能最具有效率。假如买进后没形成盘整，那就要恭喜你了，由于这只股票至少将要回升到"下跌+盘整+下跌"的"盘整"区域，这则是理论上反弹的最低幅度。假如在日线或者周线上形成这种走势，从而发展成为"大黑马"的可能性是非常大的。

对于资金量不太大的交易者，这是最有效的一种买卖方法。

三、走势类型连接结合律

缠论的重点就是几个结合律。当走势达到一定程度，这些结合律让一个走势可能完成的情况"极端的明确和狭小"。因此必须学好结合律，才能够在走势的判断上有真功夫。

走势类型连接运算的结合性，则是走势类型的连接符合结合律，即 A+B+C=（A+B）+C=A+（B+C），A、B、C 的走势类型级别可以不一样。所以，从多义性的角度来考虑，按照这种结合律，就很容易了解到，对于任何一段走势来说，有许多不同的释义。应该注意，多义性并不是含糊性，一个含糊的理论之所以含糊就是它的分类、概念等有的含糊性，这仅仅是说明该理论基础的含糊。而多义性，从一个严格、准确的理论基础上来讲，是从同一个理论的不同角度对同一现象加以分析。

我们应用几种简单方法来分析这种不同的释义：

第一种，一个极其简单的释义方法，就是级别。

对于任何一段走势来说，都能够依据不同的级别加以分解，我们运用 An-m 的形式表示依据 n 级别对 A 段加以分解的第 m 段。

则 A=A1-1+A1-2+A1-3+…+A1-m1=A5-1+A5-2+A5-3+…+A5-m5=A30-1+A30-2+A30-3+…+A30-m30=A 日-1+A 日-2+A 日-3+…+A 日-m 日等，因此这些分解符合缠论的理论。

按照某级别来操作，从纯理论的角度来考虑，不外乎相当于选择这个等式列中某个子式子来进行操作。

第二种，对走势的当下进行判断。

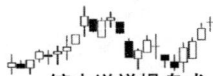

当下判断的基础在于运用分解方式。譬如，一个根据 5 分钟分解的操作角度和一个根据 30 分钟分解的操作角度，在同一时间内，我们看到的走势意义是不一样的。最重要的就是，在 5 分钟分解中可以完成的走势，然而在 30 分钟却不一定能够完成。

譬如 A+B 和 A、B 均是 5 分钟的走势类型，则 A+B 走势，对于 30 分钟的分解就是没有完成的。按照走势终完美的原则，没有完成的走势必将完成，换言之，从不一样的分解角度来看，我们能够在当下看到不同级别的没有完成走势依据走势终完美原则产生的运动。

（1）如果对走势进行重新组合，就会让走势更为清晰。

大多数人一看走势就晕了，最重要的原因就是不懂得走势连接的结合性。所有的走势在结合律上都能够进行重新组合，从而使走势表现出明显的规律性。如果 A+B+C+D+E+F 与 A、C、E 均是 5 分钟级别的，B、D、F 则是 30 分钟级别的，其中还包含了延伸等复杂情况。此时，就能够将这些走势根据 5 分钟级别进行重新分解，接着再根据中枢的定义进行重新组合走势，最后再按照结合律的方法，将原先的分解变成 A′+B′+C′+D′+E′+F′，从而让 A′、B′、C′、D′、E′都是标准的级别而且只是 30 分钟级别，而最后的F′变成在 30 分钟意义上没有完成的走势，如果这样进行分析，那么就会更为清晰了。

不过，还可能有许多具体的组合，那么，如何按照当下的走势去选择一种很有利于实际操作的，那就需要真功夫了。

这种按照结合律的最佳组合，就是依据市场当下的走势随时变化的，而一切的变化均符合理论要求并且不会影响实际操作，反而是对实际操作有更好的帮助。

必须注意，此重新组合并不涉及任何预测性，任何组合的反应均是有意义的，如果对这些组合意义进行全面的把握，那就证明你的功夫大有长进了。

另外，组合的一个核心在于，力求避繁就简，由于中枢扩展极其复杂，假如有组合使其没有形成扩展，那么采取这种组合就更加有意义。有的人可能会问：那么中枢扩展的定义是否能适用呢？肯定能适用，中枢扩展的定义就是在两个中枢都完全走出来的情况之下而进行定义的，可是在实际操作中，通常是第二个中枢尚未走完，还依然在持续延伸中，因此，除非形成明确的、符合理论定义的破坏，就能够按照有利于判断和操作的原则，从而对走势进行当下的组合。然而应该强调的是，当下运用什么样组合，就要根据这种组合的具体图形意义进行判断和操作。

（2）在中枢的震荡中最重要的应用。

围绕中枢的震荡不必都是次级别的，比如，一个日线中枢围绕其震荡可以是 30 分钟以下的任何一种级别，甚至是一个跳空缺口，譬如有的股票，在今天的时候完全可以一字涨停，而明天的时候完全可以一字跌停，或者跳来跳去的。通常来说大多数人看这种走势就晕了。假如懂得走势连接的结合性，就会明白，不管它怎么跳，最终都会形成更大级别的，只要不离开日线中枢，最终则会构成 30 分钟级别的走势。所有围绕日线级别的震荡最后都一定能够按照这样的方式加以分解：A30-1+A30-2+A30-3+…+A30-m30+a，而 a 表示没有完成的 30 分钟走势类型，至少 a 仍旧围绕日线中枢持续震荡，则 a 必须最终会完成 30 分钟的走势类型。

当然，更具有实际意义的是，假如上面的 a 不再围绕日线震荡，若 a 是一个 5 分钟级别的，但后面一个 5 分钟级别的反抽不回到中枢中去，根据日线中枢，这并不形成第三类买卖点，可是对于 A30-m30，很可能就形成 30 分钟的第三类买卖点。因为走势都是从没有完成到完成，均是从小级别不断地累积而来，所以，对真正的日线第三类买卖点而言，这个 A30-m30 的第三类买卖点必须在时间上要早产

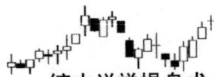

生，对于 A30-m30 来说是非常安全的，但对日线来说未必如此，由于 A30-m30 的第三类买卖点后完成的 30 分钟走势，可以用一个 30 分钟走势又重新回到日线中枢中持续中枢震荡。而这个 A30-m30 的第三类买卖点仍然有参与的价值，由于后面的 30 分钟若形成趋势，最后若的确形成日线的第三类买卖点，通常在 30 分钟的第二个中枢附近就出现了，完全回不到 A30-m30 的第三类买卖点位置，所以，这样的买卖点不符合交易者的操作级别。

譬如说，你是日线级别操作的，可是一旦这样的 A30-m30 的第三类买卖点产生，必然会引起你的高度重视，完全可以适当去参与，一旦后面形成趋势走势，就要高度注意了。

不要对走势作出任何的预测，而所有已经走出来的走势都能够按照级别与结合律等随便地进行组合，不管任何一种组合，在这个组合之下，均要符合缠论的理论，而任何一个最终的走势都在所有组合中，一定要符合理论，这也是缠论神奇的地方。不管你如何组合，都不会形成违反理论的情况。但是否找到最合适的组合来进行适当操作，以及按照不同的组合，对走势加以综合分析，这就与你的经验有很大的关系了。

而这些最合适的分解都必须要有相应答案的，关键是你是否能够看出来，这些必然不会涉及任何的预测，仅仅是对已有走势进行分解，与对理论的掌握和对图形的熟悉度有关。而这些是最基本的功夫，然而你需要在当下的走势中不断地进行磨炼，才能真正掌握这些最基本的当下走势的最佳组合以及运用不同组合加以综合分析。假如你真正地能掌握这些东西，那么你玩转市场就是易如反掌的事情了。

四、走势多重结构的表里关系与应用

1. 概念要点

缠论认为，在走势中与当下的走势都对应相似的两重表里关系。前面我们所讨论的走势分解的当中有两种类型：一是可以构成走势中枢的；二是不可以构成走势中枢的。

第一种包括线段和各种级别的走势类型；第二种只有笔。笔是不能构成中枢的，这就是笔与线段以及线段以上的各种级别走势类型的最根本区分。

于是缠论得出这样的结论：**笔在不同时间周期的 K 线图上的相应判断，便形成了一个表里相关的判断。**

那么，什么是缠论笔定理？

所谓笔定理就是指所有的当下在任何时间周期的 K 线图中，走势一定会落在一个确定的具有明确方向的笔之中（向上笔或者向下笔）；而在笔之中的位置一定会有两种情况：第一种是在分型构造中；第二种是在分型构造确认之后延伸为笔的过程中。

按照笔定理，对于任何的当下走势，在任何一个时间周期里，我们都能够用两个变量构成的数组精确地定义当下的走势。第一个变量只有两个取值，用 1 来表示向上的笔，用-1 来表示向下的笔；第二个变量也定义两个取值，用 0 来表示分型构造中，用 1 来表示分型确认延伸为笔的过程中。因此数组（1，1）表示一个向上的笔在延伸之中，（-1，1）来表示向下的笔在延伸中，（1，0）来表示向上的笔出现了顶分型结构的构造，（-1，0）来表示向下的笔出现底分型的构造。

由此，底分型为 [-1，0]、顶分型为 [1，0]、向上笔为 [1，1]、向下笔为 [-1，1]。

2. 状态间的关系

底分型 [-1，0] 之后：只能连 [1，1]、[-1，0]，不能连 [1，0]。

顶分型 [1，0] 之后：只能连 [-1，0]、[1，0]，不能连 [-1，0]。

向上笔 [1，1] 之后，只能连 [1，0]，不能连 [-1，0]、[-1，1]。

向下笔 [-1，1] 之后，只能连 [-1，0]，不能连 [1，0]、[1，1]。

3. 级别应用

我们可以采取多重级别，比如三重：周线、日线、30 分钟。

（1）描述走势的普通状态可以采用两重结构：周线、日线。

（2）普通短线操作可以采用三重结构：比如 5 分钟、30 分钟、日线。

4. 一个下跌走势的操作风险评级

———— ：日线 [-1，1]、周线 [-1，1]。

——— ：日线 [-1，1]、周线 [-1，0]。

—— ：日线 [-1，0]、周线 [-1，1]。

— ：日线 [-1，0]、周线 [-1，0]。

"-" 越多操作风险越大，对于最恶劣的技术高手不操作也罢。

5. 上升走势的操作风险评级

++++ ：日线 [1，1]、周线 [1，1]。

+++ ：日线 [1，1]、周线 [1，0]。

++ ：日线 [1，0]、周线 [1，1]。

+ ：日线 [1，0]、周线 [1，0]。

"+" 越多操作风险越小，最恶劣的退出观望也罢。

6. 操作中的应用

观察日线、周线处于哪种状态，若日线是：

（1）[-1，1]，不参与，等待出现 [-1，0]。

（2）[1，0]，观察直到出现 [1，1] 和 [-1，0]。

（3）[-1，0]，可参与。

（4）[1，1]，可参与。

五、走势中枢震荡的判断

一般来说，在绝大多数时间里走势都是各级别的中枢震荡，因此，要想多盈利，就必须搞懂震荡怎么个走法。

中枢震荡实际上就是围绕某级别中枢形成的震荡，假如说中枢是"花"，那么中枢震荡的每一段则是"花瓣"。中枢震荡以构成某级别的第三类买卖点而结束。处理好中枢震荡是我们应该面对的问题，而是否操作，那就与每个人的交易计划和能力有关。

1. 各级别中枢震荡

（1）1F 中枢震荡。围绕 1F 中枢的震荡通常有五段或者七段，前三段组成 1F 中枢，每一段的内部结构是：强势 a+A+b+B+c，弱势 a+A+b，其中 A、B 是类中枢。

（2）5F 中枢震荡。一种就是由 1F 中枢扩展为 5F 中枢后震荡，另一种是三段重叠的 1F 走势产生 5F 中枢。前一种每段的内部结构同 1F 中枢震荡。后一种是 a+A+b，其中 A 是 1F 中枢。

（3）30F 中枢震荡。通常为五段或者七段，如果有九段即扩展为日线中枢。内部结构是：强势 a'+A'+b'（a'、b'是为含 1F 中枢的 1F 走势类型，A'是 5F 中枢），弱势 a+A+b（a、b 是 1F 以下级别类型，A 是 5F 中枢）。

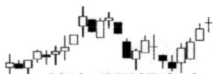

（4）日线中枢震荡可以分解为以上三种类型的中枢震荡，操作的时候由 1F 级别按照顺序向高级别递推。

2. 中枢震荡的操作

（1）依照形态进行判断。应该知道中枢的震荡中轴 Z（中枢区间的一半位置）、Zn（每一段震荡区间的一半位置），对于买而言，一个 Zn 在 Z 之下甚至在中枢区间之下的，介入的风险就非常大，也就是说万一你手脚不太麻利，很可能被堵死在交易通道中而不能顺利完成震荡操作。

假如 Zn 缓慢地提高，而又没有力量突破中枢区间的，就必须小心其中蕴藏的突然变盘风险，通常这种走势，都会形成所谓的上涨楔形之类的诱多图形。相反，形成下跌楔形的诱空图形。

此外，每一段震荡的走势类型极其重要，若是一个趋势类型，Zn 又形成相应的配合，就应该要注意变盘的产生，尤其是那种最后一个次级别中枢在中枢之外的，一旦下一个次级别走势在这个次级别中枢区间完成，震荡便会发生变盘。

与上布林通道的时间相结合，这样对震荡的变盘的掌握将有很高的预见性。

除了特殊的情况之外，Zn 的变动均是相对平滑的，所以，能够大概预估它的下一个的区间，如果这样的话，通过当下震荡的低点或者高点，就能够大概计算出下一个震荡的高低点。

（2）依照背驰进行判断。

第一，与 MACD 结合并对内部结构 a、b、c 力度作出比较。

第二，每段中枢震荡的最关键是段内次级别中枢的第三类买卖点，构成第三类买点，那么必须往上发展，构成第三类卖点则往下发展。

第三，某级别中枢震荡的结束，就构成某级别中枢的第三类买卖

点。某级别中枢高、低点既要有效站稳，又不能有效跌破的点位。

第四，中枢震荡级别越小，要求技术就越高。技术不熟练的交易者可以只参与操作级别的中枢震荡，但不能低于5F。

六、走势与力度

缠论由三个部分所构成，即形态学、动力学、动力学与形态学的结合，只要懂得形态学、动力学以及两者的结合，那么自然水到渠成。

而其中缠论的最关键因素是力度，也就是说，**力度是构成所有形态的决定性因素**。力度决定了某一级别走势类型的表现形式，究竟是趋势，还是盘整，或都没有方向，所有这些均与力度有关系。

力度是很重要的一个概念，此概念贯穿了缠论的整个理论。譬如分型、笔、线段，认真考察它们的定义，它们的实质都是力度。而对于操作来说，我们要去当下，当下是什么？当下的就是力度，力度的大小能够直接作用于级别，从而影响我们的操作。

那么，力度是怎样影响走势的？

在图8-2中每个数字或是字母对应的线条，可能是一笔，也可能是一段，或是一个次级别走势类型。首先考察图中的每一个线条，无论它们是笔还是线段或是次级别走势类型，它们都应该延伸出来，才能形成笔、线段或是走势类型，而延伸出来，就必须需要力度。

那么对于走势来说，为何会有趋势与盘整这两种形态，这也与延伸出来的力度有很大的关联。如果延伸出来非常猛烈，那一定就是趋势，假如延伸出来极其犹豫，那就成了盘整。譬如，在图8-2中同样都是五个次级别走势，换言之，五个线条构成的图形，因为它们力度

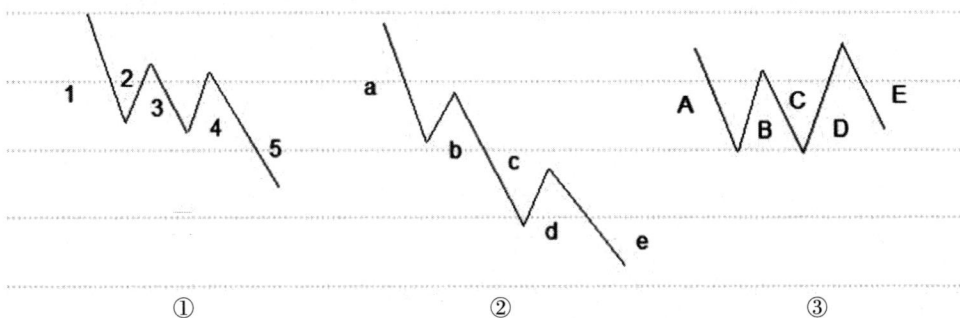

图8-2　力度影响走势

的不同，所以表现出各种差异（先借用一下波浪理论中的名词，用浪来称作它们）。

譬如在①中，一个5浪结束，就完成一个本级别盘整下跌走势，完成此走势的过程是这样的：2浪反弹，3浪下跌不下去，4浪再反弹，形成一个本级别中枢，此后5浪才表现出力度，开始往下发展。这里为何会形成中枢呢？简单来说，则是暂时下跌不下去了，力度没有了。

在②中，b浪反弹与①中的2浪相同，然而c浪却下跌下去了，其后d浪反弹的力度也不够，d浪的高点恰巧是一个第三类卖点，因此这里bcd这3浪就不能构成一个中枢了，实际上②就是一个线段级别的趋势下跌走势类型，为何是这样呢？简单来说，就是该走势方向很明确，也就是说，一下子就能下跌下去了。为何会有方向？是由于延伸出了力度。

在③中，没有任何力度可言，整个走势就是一个中阴走势，方向很难判断。这是多空双方相互缠绕的表现，双方不能分出胜负，这也是构成中枢的过程，实际上市场很多时候，都是在构成中枢。能够小到分时图，每天的分时图很多时候都是在互相缠绕的，只要有互相缠绕，就能够形成中枢，无非级别的不一样，分时图的互相缠绕，就形

成分时图级别的中枢，日线的互相缠绕，就形成了日线级别的中枢。当哪天的走势不互相缠绕了，那则是单边走势，假如日线图上出现这种情况，那就是日线的单边走势，譬如大盘 1949 点开始的上涨，这是多么明确！

走势结构变幻莫测，实质上都是不同级别的盘整与趋势的连接，**而决定盘整与趋势的关键，则是走势的力度**。大多数时候，尽管背驰找对了，然而后面延伸的力度不够，就会搞死许多人。

第九章　缠中说禅的买卖法则

股市交易，归根结底是买卖点的把握。缠中说禅提出三类买卖点系统，这就是他技术系统的主要部分之一。缠论的第一类买点是背驰买点，这归入抄底买点。缠论的第二类、第三类买点都是 N 字买点，若在日线上只是接触均线，则在低级别的（30分钟或者 15 分钟）图形上会形成中枢。

缠论有一个交易的基础：对买点精准地把握。只有非常精准的买点，才能在中枢的扩展和延伸中不受理论分析的干扰。

正如缠中说禅所言："选什么股票并不重要，关键在于要选好买点，等待你的买点或换股的时机，别抛了一只买点上的股票去换一只卖点上的。一个人，可以操作一只股票获取最大利润，关键是买点、卖点的节奏，而不是股票本身。"

一、缠论买卖点理论

所谓买卖点就是买入或者卖出股票的点位或者价位。股市交易，归根结底就是对买卖点的把握。

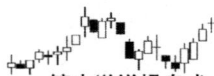

1. 缠论的买点

（1）第一类买点。

在某级别下跌趋势之中，一个次级别走势类型往下跌破最后一个走势中枢之后所构成的背驰点。缠论称为第一类买点。

第一类买点有三层含义：

第一，本级别第一类买点就是在次级别中寻找（也可以理解为本级别找到的一买属于更高级的）。

第二，次级别跌破最后一个走势中枢（在实际操作中可理解为创新低，其上是中枢）。

第三，构成背驰（底线段形成之后，中枢下的趋势力比中枢上的趋势力度要小）。

（2）第二类买点。

在某级别中，第一类买点的次级别上涨结束之后再次下跌的那个次级别走势的结束点。缠论称为第二类买点。

第二类买点也有三层含义：

第一，第二类买点必然在第一类卖点以后。

第二，下跌跌破走势中枢（最好不要创新低）。

第三，下跌走势结束（形成底线段）。

（3）第三类买点。

在某级别上涨趋势中，一个次级别走势类型往上脱离走势中枢，接着以一个次级别走势类型回抽，它的低点不跌破走势中枢上边缘 ZG 的走势中枢终结点。缠论称为第三类买点。

第三类买点也有三层含义：

第一，第三类买点必须在第一类买点之后。

第二，下跌不跌破走势中枢（应该进入的前兆）。

第三，下跌走势结束（形成底线段）。

2. 缠论的卖点

（1）第一类卖点。

在某级别上涨趋势中，一个次级别走势类型往上突破最后一个走势中枢后产生的背驰点。缠论称为第一类卖点。

第一类卖点有三层含义：

第一，本级别第一类卖点在次级别中去寻找（也可以理解本级别找到的一卖属于更高级的）。

第二，次级别跌破最后一个走势中枢（在实际操作中能理解为创新高，其下是中枢）。

第三，产生背驰（顶线段形成之后，中枢上的趋势力度比中枢下的趋势力度要小）。

（2）第二类卖点。

在某级别中，第一类卖点的次级别下跌结束之后再次上涨的那个次级别走势的结束点。缠论称为第二类卖点。

第二类卖点也有三层含义：

第一，第二类卖点必然在第一类卖点之后。

第二，上涨突破走势中枢（最好不要创新高）。

第三，上涨走势结束（形成顶线段）。

（3）第三类卖点。

在某级别下跌趋势中，一个次级别走势类型往下脱离走势中枢，接着以一个次级别走势类型回抽，它的高点不升破走势中枢上边缘 ZD 的走势中枢终结点。缠论称为第三类卖点。

第三类卖点也有三层含义：

第一，第三类卖点必然在第一类卖点之后。

第二，上涨不能突破走势中枢（应该走的前兆）。

第三，上涨走势结束（形成顶线段）。

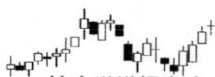

下面为缠论三类买卖点操作示意图，如图 9-1 所示。

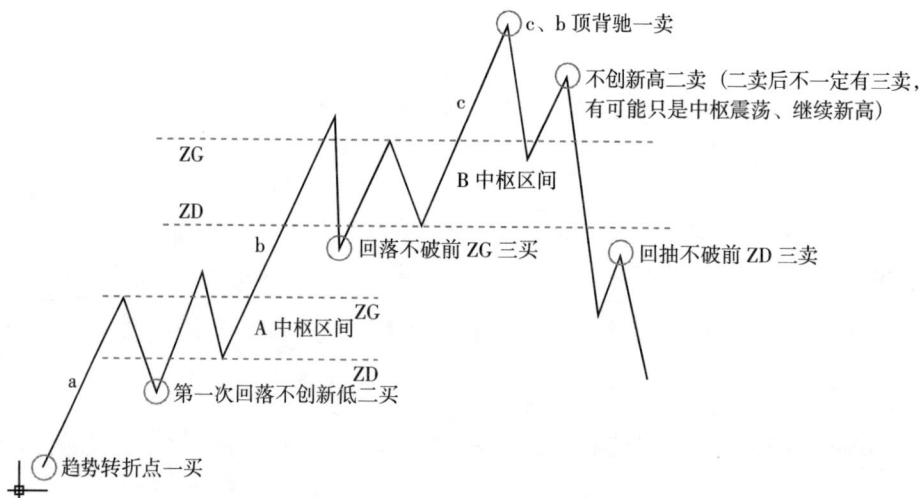

图 9-1　缠论三类买卖点操作示意图

3. 缠论买卖转折定律

（1）买卖点定律一。

缠论认为，**任何级别的第二类买卖点都是由次级别相应走势的第一类买点构成**，称为买卖点定律一。

（2）买卖点的完备性定理。

缠论认为，**市场一定产生盈利的买卖点，只有在第一类、第二类、第三类买卖点上**，则称为买卖点的完备性定理。

（3）升跌完备性定理。

缠论认为，**市场中的任何上涨和下跌，都一定从三类买卖点中的某一类开始以及结束**，称为升跌完备性定理。也就是说，市场走势都是由这样的线段构成，线段的端点就是某级别三类买卖点中的某一类。

4. 缠论趋势转折定律

缠论认为，**任何级别的上涨转折完全是由某级别的第一类卖点产**

生的；任何的下跌转折完全是由某级别的第一类买点产生的，则称为**趋势转折定律**。

那么，如何找到缠论趋势转折定律中说到的这个买卖的转折点呢？

缠中说禅如是说："这里最大的也是唯一的难点在于走势类型的延伸。对于盘整来说，经过三个重叠的连续次级别走势类型后，盘整就可以随时完成，也就是说，只要有三个重叠的连续次级别走势类型走出来后，盘整随时结束都是完美的，但这可以不结束，可以不断延伸下去。面对趋势，形成两个依次同向的缠中说禅走势中枢后，任何趋势都可以随时结束而完美，但也可以不断地延伸下去，形成更多的中枢。"

因此，对于盘整来说，其"延伸"就在于不能构成新的"缠论走势中枢"。它的"结束"就是构成新的"缠论走势中枢"。对于趋势来说，它的"延伸"就在于同级别的同向"缠论走势中枢"不断形成。它的"结束"就是同级别的同向不能形成新的"缠论走势中枢"。

根据上面的分析，因为趋势至少包含两个"缠论走势中枢"，而盘整只有一个。所以**趋势与盘整的判别关键也就在于是否产生新的"缠论走势中枢"**。由此可见，"缠论走势中枢"的问题是技术分析中的核心问题，这个问题一旦解决，许多判断上的大难题必将迎刃而解。

二、缠论买点的分析和理解

1. 第一类买点

从缠论走势中枢理论可以得知，**走势中的任何一个点都可能面临两种情况：走势类型的延伸或者转折，即走势中枢持续延伸为盘整或是离**

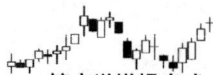

开中枢转折为往上或是往下的趋势。为此，我们分三种情况进行讨论：

（1）一个上涨趋势确定之后，不可能再有第一类和第二类买点，仅仅可能存在第三类买点。依据前面关于三类买点的定理：第一类买点和第二类买点均在中枢之下，然而第三类买点却在中枢之上。

（2）至于盘整的情况，它的走势中枢的扩张和新生，都不一定能够保证该"买点"出现之后能产生往上的转折。它的扩张和新生完全可以是往下发展的。至于走势中枢延伸的情况，走势中枢构成之后随时都能够打破而结束延伸，也不一定产生往上的转折。因此在盘整的情况下，走势中枢下也不一定形成买点，即在走势中枢里最好不要操作，由于它不能百分之百提供转折。

（3）**只有在下跌趋势确立之后的走势中枢下方才可能形成买点。**对于下跌的走势而言，一旦它完成，只能转变为上涨或者盘整。所以，一旦能够把握下跌走势转变为其他类型的关节点买入，就在市场中占据了一个很有利的位置。这个关节点就是第一类买点。

2. 第二类买点

（1）前面已经讲过，由于不管是趋势还是盘整在图形上最终都要完成，因此在第一类买点形成之后第一次次级别回调导致的低点，就是市场中第二有利的位置。为什么这样说？由于上涨与盘整都一定要在图形上完成。而上涨与盘整在图形上的要求应该包含三个以上的次级别运动，所以其后应该至少有一个往上的次级别运动，这样的买点是非常安全的，它的安全性是由走势的"不患"来保证的，这就产生了第二类买点。

（2）**第二类买点不一定出现在走势中枢的上方或者下方，可以出现在任何位置上。**如果走势中枢的下方出现，那么后面的力度就值得怀疑了，出现扩张性走势中枢的可能性很大。若在走势中枢中出现，那么出现走势中枢扩张和新生的机会对半。假如在走势中枢上方出现，则走势中枢新生的机会就极大了。然而不管哪种情况，必然都能够盈利。

（3）这两类买卖点是被最基础的分析所严格保证的。它们就像几何定理那样严格，只要能够找准了这两类买卖点，则在市场的实际走势中是百战百胜的。关于这两类买卖点与走势以及上述原理、定理间密不可破的逻辑关系，应当切实理解体会，这是一切操作中最坚实的基础。因此不能把它们混淆了。

3. 第三类买点

（1）走势中枢存在三种情况：延伸、扩张以及新生。假如是走势中枢延伸，则在走势中枢上是不可能有买点的。由于走势中枢延伸要求所有走势中枢上的走势都一定转折往下，而且回到走势中枢之中。此时，只可能存在卖点。而**走势中枢扩张或者新生，在走势中枢的上方都会有买点。这类买点则是第三类买点。**

（2）换言之，第三类买点是走势中枢扩张或者新生形成的。走势中枢扩张会造成一个更大级别的走势中枢；而走势中枢新生，便构成一个上涨的趋势，这就是第三类买点之后一定出现的两种情况。对于更大级别走势中枢的情况，一定不会立即出现一个上涨趋势的情况。因此，在实际操作中必须避免第一种情况，这就是一个很大的问题。但不管是哪种情况，只要符合第三类买点的条件，其后就一定能够盈利，这就是问题的关键。

（3）很明显地，第一类买点与第二类买点是前后产生的，不可能出现重合。第一类与第三类买点，一个在走势中枢的下方，一个在走势中枢的上方，也不可能出现重合。只有第二类买点与第三类买点是可能出现重合的。这种情况就是：第一类买点产生之后，一个次级别的走势猛烈地直接上破前面下跌的最后一个走势中枢，接着在它的上方产生一个次级别的回抽不触及这个走势中枢，此时，就会产生第二类买点与第三类买点重合的情况，也只有这种情况才会产生两者的重

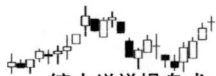

合。事实上，一旦产生这种情况，一个大级别的上涨通常就会形成。

三、缠论买卖点操作指导

1. 第一类买卖点

（1）从纯粹操作的角度来看，因为任何买卖点归根结底都是某级别的第一类买卖点。所以，**只要懂得如何判断背驰，接下来选好适合的级别**。当这个级别形成底背驰时买入，在顶背驰的时候卖出，就"一招鲜"完全能够在市场上混好了。

（2）**这三类买卖点均是获得理论所保证的，是百分之百安全的买卖点**。假如对这三类买卖点的绝对安全性没有充分的理解，那么就完全不可能对这个技术分析理论有一个充分的理解。所谓百分之百安全的买卖点，就是这点以后，市场一定发生转折，没有任何模糊或者需要分辨的情况来选择。市场交易不能建立在随机的、没有规律的可能性上。这市场的绝对必然性就是交易中唯一值得信赖的港湾。

（3）**第一类买卖点就是这个级别的背驰点**。这完全能够应付很多的情况。然而有一种情况是不能行的，就是前面不断地强调的小级别转大级别的情况。为何？假设 30 分钟操作级别，当 1 分钟级别背驰的时候，并没有触及 30 分钟级别的第一类买卖点，因此根据 30 分钟级别就不需要操作。对此情况，则需要第二类买卖点来补充。

2. 第二类买卖点

（1）第二类买卖点并非专门针对这种小转大情况的。通常来说，**高点的一个次级别往下、再一个次级别往上，假如不创新高或者盘整背驰，都产生第二类卖点**。而买点的情况反过来就是了。因此，在有

第一类买卖点的情况下，第一类买卖点是最好的，第二类买卖点仅仅是一个补充；而在小级别转大级别的情况下，第二类买卖点是最好的，由于在此情况下，没有大级别的第一类买卖点。

（2）第二类买卖点是站在走势中枢而形成的角度，它的意义就是一定要产生更大级别的走势中枢，由于其后至少还有一段次级别走势并且一定与前两段有重叠。因此，不管怎么样，当形成第二类买卖点时，完全能够操作。第二类买点可能有哪几种情况？

第一种，最强的情况。

第二类买点恰巧形成原先下跌的最后一个走势中枢开始的震荡走势的第三类买点，也就是第二类买点和第三类买点重合了，这就是最强的走势，此情况往往都对应 V 形反转的快速回升，是非常有力度的。

第二种，最弱的情况。

第二类买点跌破第一类买点。也就是第二类买点比第一类买点要低，这是绝对可以的。这里往往形成盘整背驰，其后对应着从顺势平台到扩张平台等不同的走势。

第三种，一般性的走势。

就是前面两者之间的走势。在此情况之下，第一类、第二类、第三类买点是按照顺序往上，一个比一个高。

从原先下跌最后一个走势中枢的角度来看，第一类、第二类、第三类买点都能够当作走势中枢震荡的结果。所以，在第二类买点与第三类买点之间很可能会有更多的走势中枢震荡走势，不一定如第一类买点和第二类买点之间是紧接的。第二类买点与第三类买点之间的震荡买点，通常就不给特别的名称了，也可以当作第二类买点。

3. 第三类买卖点

（1）第三类买卖点比第一类、第二类要后知后觉，然而若抓得好，通常不用浪费盘整的时间，适合于短线技术较好的资金。必须要注意，并不是所有回调回抽都是第三类买卖点，应该是第一次。第三类买卖点之后，并不一定形成是趋势，也有产生更大级别盘整的可能。而这种买卖之所以一定能够赚钱，是因为即便是盘整也会有高低点产生。操作策略非常简单，一旦不能形成趋势，必然要在盘整的高点出掉，这与第一类、第二类买点的策略是相同的。

（2）在实际操作中，最直截了当的做法就是不参与走势中枢震荡，仅仅在事先设定的买卖点上买卖。然而对大资金而言，走势中枢震荡是能够参与的。假如走势中枢级别足够，其产生的利润通常更大而且稳定。但在趋势的情况下，通常小级别的买卖点并不一定要参与。假如技术非常好或资金大，同样能够参与，这仅仅是为了提高资金的利用率，加快成本变零或者增加筹码的过程。不过，这种小级别的参与与这个级别可容纳资金量有关。

总的来说围绕走势中枢的操作原则非常简单：

（1）每次往下脱离走势中枢只要形成底背驰，那就能够介入了（第一类买点）；接着看相应回拉形成顶背驰的位置是否能超越前面一个往上离开的顶背驰高点，不行必然要走（第二类卖点），行也可以走（第一类卖点）。

（2）而次级别回抽一旦不重新回到走势中枢里，就必然要买回来（第三类买点）。而若从底背驰开始的次级别回拉不能重新回到走势中枢里，一定要走（第三类卖点）。接着等待下面去产生新的走势中枢来重复类似过程。

（3）操作经验与教训。**大多数人在连日顶分型的雏形都没有形成的情况下就卖出；买点总在恐慌的下跌中出现，但只要买点形成，就要毫不犹豫地买入；卖点总是在疯狂的上涨中出现。只要卖点产生，就要立即卖出。**

4.三类买卖点的最后总结

（1）买卖定义。

一买：中枢的下方创新低并形成底背驰。

一卖：中枢的上方创新高并形成顶背驰。

二买：中枢的下方一买以后，形成底分型。

二卖：中枢的上方一卖以后，形成顶分型。

三买：中枢的上方一卖以后，形成底分型。

三卖：中枢的下方一买以后，形成顶分型。

（2）买卖特征。

一买必须创新低底背驰，二买必须在一买之后，一买二买必须都在中枢的下方。

一卖必须创新高顶背驰，二卖必须在一卖之后，一卖二卖必须都在中枢的上方。

三买在中枢的上方，紧跟一卖之后；三卖在中枢的下方，紧跟一买之后。

买卖都必须形成分型，中枢之内不能操作；一买不突破中枢就卖，一卖不跌破中枢就买。

四、缠论的中枢震荡买卖法

中枢震荡盈利是利用 T 来降低成本的。中枢之上卖出，中枢之下买入，然而交易者必须要掌握中枢之下的三卖和中枢之上的三买准确确定，否则的话得不偿失；譬如上方你卖了形成三买，但你又没有买回，你就失去了赚钱的机会，只能等下一次机会了；中枢下方你买入，

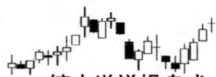

形成三卖你没有卖，结果赔钱了。

中枢上移盈利法，就是在中枢上移，满仓就是最大的盈利。

还有缠论的最大利润盈利方法，也是非常好的学习方法。

关键在于提高这种精度。那么，如何把握？

（1）在次级别中运用一买。

（2）运用小级别的同构型判断高低点。

这一切围绕的就是当下中枢的位置进行操作。

这将会产生三种情况：①当下在该中枢里。②当下在该中枢的下方。③当下在该中枢的上方。

第一种情况，当下在该中枢里，这个中枢在延伸中，由于在中枢里，此时如何演变都是对的，不操作就是最好的操作。不过，假如你技术很好，能够判断出次级别的第二类买点，这些买点大多数情况下都是在中枢中形成的，那就应该参与。假如你没有这种技术，那就不要参与。只要把握你自己当下的技术水平才能抓住机会，这是最重要的。

第二种情况，当下在该中枢的下方。

1）当下之前没有形成该中枢第三类卖点。

因为中枢震荡仍然继续，所以，先找出这个中枢前面震荡的某段，与它运用类似背驰比较力度的方法，应用 MACD 来作辅助判断，找出往下脱离中枢的当下该段走势，当作背驰判断里的背驰段，接着再依据该段走势的次级别走势逐步按区间套的办法去确定准确的买点。必须注意，用来比较的某段，最标准的情况就是前面最近往下的，通常情况下，中枢震荡都是逐渐收敛的，假如继续是中枢震荡，其后的往下离开力度必然比前一个小。不过，还有些很特殊的中枢震荡，会产生扩张的情况，则是比前一个的力度还要大，然而这并不一定就会破坏中枢震荡，最终产生第三类卖点。通常来说，此情况，运用各种图形分解与盘整背驰的方法就能够解决。

2）当下之前已形成该中枢第三类卖点（正在形成也包括在这种情况下，按照严格的定义，这最准确的卖点，是刹那间完成的，而有着操作意义的第三类卖点，实际上就是一个包含该最准确卖点的非常小区间）。

因为这个中枢已经结束，所以就去分析包含第三类卖点的次级别走势类型的完成，运用背驰的方法来确定买点。不过，还有更简单的办法，则是不参与这种走势，由于后面只能是出现一个新的下跌中枢或者转变成一个更大级别的中枢，这完全能够等待这些完成之后，再依据那时的走势来决定介入时机。这样很可能就会错失一些大的反弹，但不必要参与操作级别及以上级别的下跌与超过操作级别的盘整，这种习惯应该养成。

第三种情况，当下在该中枢的上方。

1）当下之前没有形成该中枢第三类买点。此时没有合适的买点，应该等待。

2）当下之前已形成该中枢第三类买点。

假如离该买点的形成与位置不远，能够介入，然而最好就是刚刚形成的时候介入，一旦从该买点开始已形成次级别走势的完成并产生盘整顶背驰，其后就应当等待，由于其后将是一个大级别盘整的出现，根据上面的习惯，不要参与，等待这个盘整结束再说。不过，假如整个市场都找不到值得介入的，而又期望操作，则可以依据这些大点儿级别的中枢震荡来进行操作，这样也能够得到安全的收益。

对于一个中枢而言，很有价值的买点就是它的第三类买点以及中枢往下震荡力度形成背驰的买点。前者，最坏的情况就是形成更大级别的中枢，这可以运用后面走势是否形成盘整背驰来决定是否卖出，一旦不产生这种情况，就意味着一个往上走势去构成新中枢的过程，

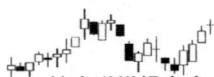

此过程一定是最能获利的。至于后者，就是围绕中枢震荡差价的过程，这是降低成本和增加筹码的。

应该注意，大多数人不了解怎么去弄差价，好像所有机会都能够去弄。然而若从最严格的机械化操作意义上来讲，只有围绕操作级别中枢震荡的差价才是最安全的，由于一定能够做出来，并且完全不会丢失筹码。在成本为零后的挣筹码操作中道理是相同的。换言之，在确定了买卖级别之后，该中枢完成后的往上移动时的差价是不能做的，中枢往上移动的时候，就必须满仓，这才是最正确的仓位。但在围绕中枢差价的时候，在中枢之上仓位减少，在中枢之下仓位增加。必须注意，前提条件就是中枢震荡仍然继续，一旦形成第三类卖点，就不能回补了，运用中枢震荡力度判断的方法，完全能够避开后面可能出现第三类卖点的震荡。

若这个中枢完成的往上移动形成背驰，就要将所有筹码卖出，由于该级别的走势类型完成，就要等待下一个买点了。假如不背驰，那么就意味着会形成一个新的中枢。必须注意，小级别转大级别并不太复杂，同样可以当作一个新中枢，只是这个中枢有可能与前面的重合，而趋势中是不可能形成的。这个中枢，就能够继续运用中枢震荡的方法来做短差，此后再继续中枢完成往上移动，一直到移动形成背驰。

这种模式的关键只是参与确定操作级别的盘整和上涨，对盘整运用中枢震荡方法进行处理，保证成本降低和筹码不丢失（成本为零之后就是筹码增加，不过，对于小级别的操作，就不会出现成本为零的情况），在中枢第三类买点之后持股一直到新中枢形成继续中枢震荡操作，中途不能参与短差。最后在中枢完成的往上移动形成背驰后卖出所有筹码，完成一次这个级别的买卖操作，去等待下一个买点形成。

不过，还有一种方法是可以的，就是宁愿卖错了，也要严格按照

方法来，最终就算你的技术判断能力再不好，卖错的概率也只是 50%，其后还有一个第三类买点能够让你重新买入；假如卖对了，那么每次的差价可能达到 10% 以上，不要小看这中枢震荡的力量，中枢震荡运用好了，比所谓的"黑马"赚钱多并且安全，可操作的频率非常高，实际能产生的利润更大。

五、缠论最安全的买入类型

1. 安全买入法

所谓安全买入法就是指"下跌+上涨"买卖方法。

2. 操作标准程序

一是先去选择形成的"下跌+盘整+下跌"走势。

二是在这个走势的第二段下跌形成第一类买点时介入。

三是介入之后，一旦形成盘整走势，必须果断地退出。

3. 分析理解

第一个问题：什么是"下跌+上涨"买卖方法的原理？

"下跌+上涨"买卖方法的原理：一是对于下跌+上涨而言，连接下跌前面的走势可能只有两种：上涨与盘整。假如是上涨+下跌+上涨，则意味着该走势在上一级别的图形中就是一个盘整，所以该走势可以归入盘整的操作中。这样一来，根据这种方法，只剩下这样一种情况，就是"盘整+下跌+上涨"。二是对于"下跌+上涨"买卖方法而言，应该是这样一种情况：前面是"盘整+下跌"型的走势后形成第一类买点。很明显地，该下跌是跌破前面盘整的，否则的话就不会形成"盘整+下跌"型，只会依然是盘整。则在这个盘整前的走势，也只有两

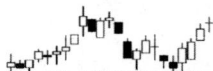

种：上涨和下跌。对于"上涨+盘整+下跌"的，实际上也产生高一级别的盘整，所以也就只剩下这样一种情况："下跌+盘整+下跌"。

第二个问题："介入之后，一旦形成盘整走势，必须果断退出。"为何要退出？

这个退出一定不会赔钱，要盈利的，由于可以运用低一级别的第一类卖点退出。然而为何要退出，由于它不符合"下跌+上涨"买卖不参与盘整的标准，盘整的坏处就是浪费时间，并且盘整后有一半的可能是下跌的，对于中小资金而言，就不应该参与。假如买入后不出现盘整，那么就应该恭喜你了，由于这股票将至少回升到"下跌+盘整+下跌"的盘整区域，假如在日线或者周线上形成这种走势，从而发展成为"大黑马"的可能性是很大的。

六、缠论的操作系统

1. 缠论的操作体系

缠论操作的定义应该是这样的：

根据缠论，只能是在第一类、第二类、第三类买卖点进行操作。而这三类买卖点精确的确定是由缠论的级别、中枢、背驰、走势和区间套等而来。

缠论操作的步骤如下：

（1）先确定操作的级别，也就是决定看什么时间的图进行操作。

（2）分笔。将 K 线合并，加以顶底分型。

（3）划分线段。

（4）寻找中枢。

（5）分辨走势类型，也就是走势类型盘整还是趋势。

（6）判断背驰点。

（7）对于背驰段来说，运用区间套的方法准确确定买卖点。

（8）第一类、第二类、第三类买点买，第一类、第二类、第三类卖点卖。

由此可以看出，缠论的三大分析技术为"级别、中枢、走势类型"，然后通过辅助判断"背驰"以及"均线趋势力度、量价关系进出"的几个指标，从而去确认第一类、第二类、第三类买卖点，这就是构成缠论操作系统的核心技术。

均线、MACD、缠论三类买卖点再加上背驰就构成了完整的操作体系。因此，缠论的核心就是：选股系统加上操作系统。

简单来说，缠论的核心就是"系统"，而这个系统包括两个部分：选股系统和操作系统。

缠论也像其他大多数的操作股票方法那样，仅仅是一种方法而已。如果不用"系统"的眼光来看，最终会一无所获；如果能够用"系统"的眼光来看，才能豁然开朗，就会大有收获。

2. 三个独立系统

缠论有三个独立系统：基本面系统、比价关系系统和技术面系统。

为什么这三个系统要互相独立呢？由于它们自成体系，互不关联。

引用一下缠论原文：

假设按三个互相独立的程序进行交易，其失败率分别为30%、40%、30%，这都是很普通的并不出色的程序。那么由这三个程序组成的程序组，其失败率就是30%×40%×30%=3.6%。也就是说，按这个程序组，交易100次，只会出现不到4次的失败，这绝对是一个惊人的结果。任何人都可以设计自己的独立交易程序组，但原则是一致的，就是三个程序组之间必须是互相独立的。如人气指标和资金面其实是

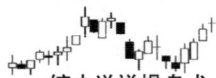

一回事，各种技术指标都是相关的。如果把三个非独立的程序混在一起，一点意义都没有。

现在，问题的关键变成了，如何去寻找这三个互相独立的程序。首先，技术指标都单纯涉及价量的输入，都不是独立的，只需要选择任意一个技术指标构成一个买卖程序就可以。对于水平高点儿的人来说，一个带均线和成交量的 K 线图，比任何技术指标都有意义。其次，任何一个股票都不是独立的，在整个股票市场中，处在一定的比价关系中，这个比价关系的变动，也可以构成一个买卖系统。这个买卖系统是和市场资金的流向相关的，一切与市场资金相关的系统，都不能与之独立。最后，可以选择基本面构成一个程序，但这个基本面不是单纯指公司盈利之类的。这需要对市场的参与者、对人性有更多的了解才能精通。

3. 比价关系

缠中说禅说过："**市场个股之间有比价关系，这是市场的整体结构，要把握这点，必须对市场的总体结构有所把握。**"

比价关系，则是缠论三大独立系统之一。

什么是比价关系？简单来说，就是对价格之间的关系进行比较，在经济学上有一个专门术语为"比价复归"，就是指比价关系合理的两种商品，由于一种商品价格的突然上涨或者回落，产生了比较失调的现象，正如当前一部分蔬菜价格超过肉价的不正常现象。随着时间变化，价格没有产生变化的商品，将发生与前一商品相同方向与比例的变化，让两者的比价关系恢复到原先的比例关系。

在股票市场上，比价关系就是可以让我们判断出大盘点位的高低与个股的贵贱。我们都愿意说，某某股票真的很便宜，其价值被低估，把它捂在手中早晚能够上涨。当你问他为什么这只股票这么便宜时，他一般会对你说，类似于它的某某股票都上涨到天上去了……如此的

判断方法实际上就是片面的比价。股票没有完全的好与坏之分，好坏只是相比较来说的，在一定时间段，股票与股票之间的价格比的关系、股票价格之间的横向比较关系、股票现有价格在它的历史的价格比的关系以及大盘指数的历史价格的纵向比较关系等，如果能够正确地运用比价关系，那么你就在股市中获得了先机，并及时买到便宜的、抛出贵的。这样的话你何愁赚不到钱？

关键在于我们如何进行比较。在股市中这种比价极其复杂，那么，如何着手呢？如果用完全的一系列数据进行比较，只能模糊中迷糊，理不出有用的东西。实际上，必须首先给 2000 多只股票进行分组，就如同索引一样分组，这样同一组要比的数量级就降到两位数了。这期间第一级索引可以用现在的板块，第二级索引可以是一线、二线、三线股的划分。而在板块中如何进行有效的比价？时序上哪里是基准？这是很难理解的地方！为此，切入的重点就是先解决板块的比较。缠论在文中给过我们一个思路：类别数——以各个体的本身发展阶段当作一个参照，去衡量个体之间的相对位置，这是一种非常好的方法。

而由比价关系构建的交易系统，也就是高抛低吸。当有色板块涨幅较高之后换入低位启动的煤炭板块，这种换股方式就构建了一个独立的交易系统。

实际上在缠论看来，走势反映一切，在掌握了技术分析的买卖点之后，再熟练地运用比价关系选股操作，效率就会更高，盈利会更好。

4. 均线系统

技术分析的方法有许多，技术指标也有许多，然而最简单又最实用的技术指标系统则是均线系统。下面是缠论均线系统的概括。

（1）基本概念。

第一类买点：应用均线构建的买卖系统，先必须运用长期均线上位，在空头排列最后一次缠绕后背驰式下跌形成的空头陷阱抄底进入，

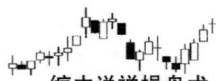

这则是第一个值得买入的点位。

第二类买点：就是利用短期均线上位，多头排列之后第一次缠绕，形成的下跌而构成的低位。这则是第二个值得买入或者加码的点位。

第一类、第二类卖点与买点的情况刚好相反。

买点定律：大级别的第二类买点由次一级别相应走势的第一类买点形成。

短差程序：大级别买点介入的，在次级别第一类卖点产生的时候，先可以减仓，然后在次级别第一类买点产生时回补。

（2）应用要点。买入时，通常最好的是在第二个买点，而卖出尽量在第一个卖点，这则是买和卖的不同之处。

（3）分析理解。在空头排列的情况之下，一旦产生缠绕，就应该密切地注意，尤其这个缠绕是在一个长期空头排列之后产生的，就更应该注意，其后的下跌通常是介入的好时机，由于空头陷阱的概率相当大。应当提醒，此点对趋势构成的第一次缠绕不成立。然而缠绕以后一定有高潮，唯一的区别就是均线位置的区别，关键判断的就是均线位置而不是高潮的有无。

对于任何走势来说，必须首先判断的是均线位置：是空头排列还是多头排列。假如是多头排列的情况，一旦被缠绕，唯一需要应付的就是这个缠绕到底是中继还是转折。可以肯定地说，没有任何方法能够百分之百确定这个问题，然而还是有许多方法使判断的准确率非常高。**一是短期均线上位趋势发生的第一次缠绕是中继的可能性很大，假如是第三次、第四次发生，那么该缠绕是转折的可能性便会加大；二是发生第一次缠绕之前，5日均线的走势是非常有力的，不能是轻软的，这样缠绕很可能就是中继，后面至少会有一次上涨的过程出现；三是缠绕发生前的成交量不能放得过大，一旦过大，骗线出现的概率就会极大增加。假如成交量突然放大而又萎缩太快，通常尽管没有骗**

线，缠绕的时间就会增加，并且成交量就会出现两次收缩的情况。

在这个系统之下，第一类和第二类买点的风险是极小的。也就是说，收益与风险的比率是最大的，这是唯一值得买入的两个点。然而应该指出的是，并不是说这两个买点肯定没有风险，它的风险在于：对于第一个买点来说，将中继判断是转折，将背驰判断错了；对于第二个买点来说，将转折判断为中继。这样就会构成其风险，而这里的风险相当大程度与操作的熟练度有关，对于高手而言，判断的准确率就会高一些。要使判断的准确率高就要多看和多参与，才能形成一种直觉。

（4）操作指导。**要想掌握好这个均线所构成的买卖系统，应该深刻地了解买点定律：大级别的第二类买点则由次一级别相应走势的第一类买点所构成。假如资金量不是很大，就要了解短差程序：大级别买点介入的，在次级别第一类卖点产生的时候，可以先去减仓，然后在次级别第一类买点产生时回补。只有这样才可以提高资金的利用率。**

若你选择了这个买卖系统，就必须要根据这个原则了。如果懂得买入的方式，那么卖出反过来就行了，这是非常简单的。不过，相应的均线的参数可以按照资金量等情况进行调节，资金量越大，参数也就相应越大，这需要交易者好好去摸索。此点，对于短线仍然有效，只是将日线改为分钟线就行了。而一旦买入之后，就要长期持有等待第一个卖点，也就是说，短期均线上位缠绕之后形成背驰和第二个卖点，也就是变成长期均线上位的第一个缠绕高点将它卖出，只有这样才能完成一个完整的操作。

对第一个买点来说，一旦上涨仍然出现长期均线上位的缠绕，则必须要退出，这是为什么？由于第一个买点买入的基础在于长期均线上位最后一个缠绕后形成背驰，而目前又形成长期均线上位的缠绕，这则意味着之前引导买入程序启动的缠绕并不是最后一个缠绕，简单

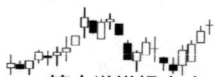

来说程序判断上出现了问题，所以应该退出。不排除此情况，则退出之后，缠绕通过以时间换空间的折腾逐渐变成短期均线上位，最终还是大幅上涨了（此情况即便出现，也可以按照第二个买点的原则重新介入，因此真正的机会并不会失去），然而即便这样，也完全不能由于这种可能的情况产生侥幸心理。由于还有更大的可能是缠绕之后产生快速下跌。

对第二个买点来说，一旦这个缠绕中形成跌破前面长期均线上位的最低位，则意味着买入程序出现了问题，应该在任何一个反弹中将股票出清。在此情况下，不排除其后产生上涨，但理由与上述一样，所有操作并没有百分之百准确的，一旦产生这种特殊情况，必须要先退出，这是在交易生涯中能长期存活的最重要一点。

第十章　缠中说禅的操盘原则

缠中说禅在多年股票生涯中总结出很多经典的操盘原则，这也是他的长期体验与心血之作。比如他有过这样的精彩论述："世界金融市场的历史一直在证明，真正成功的操作者，从来都不预测什么，即使在媒体上忽悠一下，也就是为了利用媒体。真正的操作者，都有一套操作的原则，按照原则来，就是最好的预测。那么，本人理论中的分型、笔、线段、中枢、走势类型、买卖点等，是不是预测呢？是，也不是。因为本质上本人的理论是最好的一套分段原则，这一套原则，可以随着市场的当下变化，随时给出分段的信号。"

他认为，任何操作都必须遵守交易纪律，具备能够严格执行纪律的性格与行为风格。再好的理论，再强的技术和方法，假如交易者不去依照技术要求进行买卖，那么也就没什么意义了。

一、必须设置一个操作系统

缠中说禅说过："股票操作，大概都是要有系统的，而本人在这里记录的本质上不能完全算成技术分析，技术分析大都是一种概率的游

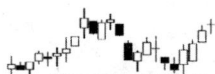

戏，有概率的东西就和预测相关，而股票其实是干出来的，而干就和操作系统有关了。"

他指出："**风险是'不患'的，是无位次的，任何妄求在投资中的绝对无风险，都是痴心妄想。唯一的办法，就是设置一个系统，使无位次、'不患'的风险在该系统中成为有位次、'患'的系统，这是长期战胜市场的唯一方法**。必须根据自己的实际情况，例如资金、操作水平等，设置一套分类评价系统，然后根据该系统，对所有可能的情况都设置一套相应的应对程序，这样，一切的风险都以一种可操作的方式被操作了。而操作者唯一要干的事情，就是一旦出现相应的情况，采取相应的操作。"

缠中说禅还强调，股票交易是一项长期的事业，不要抱着赌博的心态妄图一次成功，假如有这种心态，那么最后的结局必然是悲惨的，这已经被大量的事实所证明。为什么必须研究符合自己的买卖程序？由于这是市场风浪中唯一安全的港湾，有时港湾也会起台风，然而不能因为有时候起台风就不要港湾了。另外，与买入程序的成功率以及市场的强度相关，在强的市场中，买入程序的成功率大概都在 90%以上，然而在很弱的市场中，买入程序的成功率就非常低。

任何依据均线等技术系统构建的买卖程序，仅仅是一个综合判断的一个子判断，并不是说这一招就行了。至少有一点是任何技术的买卖程序不可以解决的，就是同样程序选出来的股票，为什么有的上涨得多，有的上涨得少，是否可以就此而选出最有力度的，这在实际的操作中是非常有意义的问题。用这样的一个比喻，技术系统好比是"海选"，而后面需要的是"复赛"和"PK"，只有这样才可以选出真正能介入的股票。

他指出，不管怎么样，在一个混沌的市场中可以总结出一套适合本身的操作模式。成功交易的秘诀就是找到一套适合自己的操作系统。

此操作系统是非机械的，适合于自己个性的，并且要有完善的操作思想、细致的市场分析以及整体操作方案的。所有股票的大赢家均有自己的操作系统，所以找到适合自己的操作系统与完善自己的操作系统是专业交易者一生几乎都在做的一件事。

要想构建自己的操作系统，首先要弄清楚什么是操作系统，如果这个概念不弄清楚，那么是很难构建操作系统的。为了方便大家的理解，我们可以来借鉴一下计算机操作系统的概念，从理论上来讲它们是相通的。

计算机的操作系统就是计算机系统的内核和基石，它就是控制其他程序运行、管理计算机硬件以及管理系统资源、软件资源并为用户提供操作界面的系统软件的集合，实际上计算机是管理其硬件、软件资源的各个系统集合。同样如此，股票的操作系统也是许多很小的操作系统集合，最后组成一个非常大的、完整的操作系统。一个股票操作系统就如同微软视窗、UNIX 以及 Linux 那样。

一般来说，股票操作系统是由三个分系统构成的，它们分别为判断系统、操盘系统以及风险控制系统。

判断系统就是依照当下外界世界已发生、正在发生和即将发生的所有可以影响股市的信息加以逻辑推理，最终通过操盘流程模块中的流程作出一个对市场的判断。此判断是一个连续不断推导的过程，它并非静止不动的，而是一个动态的过程，它时时刻刻地依据市场的变化以及现实因素的变化而进行再推理，这就如同流程模块里面的见"N"返回重新进行流程那样。这样不断地进行推理判断和再推理、再判断构建了判断系统，这个判断系统的验证最终体现在盘面上。此道理就好比开车，推导出的结果就如同方向盘调整方向那样不断地调整。

操盘系统就是依据判断和交易者的操作策略所作出的决策系统，是与判断系统紧密相联系的，然而并非完全一动俱动的关系。判断系

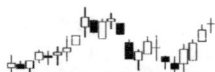

统就是分析、推理以及判断，操盘系统就是要作出必要的决策；判断对错不会导致重大的损失，然而决策失误却完全是真金白银的损失。操盘系统不仅与判断系统有很大的关系，而且与个人的操盘策略联系更紧密，比如短线、中线以及长线的策略不同，最终操盘所运用的手段和方法完全不同，这才是真正操盘系统的关键所在。同样，与操盘系统息息相关的仓位配比也与个人的风险喜好与操盘策略极其相关。从根本上来讲，操盘系统是依据操盘策略、个人风险喜好来筛选分析系统的部分进行决策，最后构成操盘决策。譬如，某操盘系统的短线止损位是某个价格下方的 2%的位置，中线止损位是某个价格的下方的 8%，那么当股价跌破 2%的时候采取短线策略者就必须卖出，采取中线的交易者就完全可以对这个可能为 5%的幅度调整不要理睬。这里仅仅是举了一个例子，与任何现实化的策略取向毫无关系，这是应该要注意的。

风险控制系统是股票操作的"救生系统"。股市就像人生，没有完全绝对，谁都很难预测每一个波动，这正是股市的魅力所在。然而股市并不是无任何规律可循，交易者完全可以依据其所表现出的某种特征而选择其中可以操作的部分进行操作。所以，这里就没有百分之百的事能够作保证，但有一个概率问题。既然是概率问题，便可能有失误的时候。如果出现失误该如何办？当然就是纠正。这个纠正的过程就是风险控制系统，也是股市的"救生系统"。如果有了这个救生系统，尽管操盘出现了失误，也不至于造成重大的亏损，只要在股市中能够保存原始实力，又能够保持较高概率，那么盈利是再正常不过的事情。

下面就是构建操作系统总体流程步骤：

第一步，明确操作系统的根据。

（1）如果明白股市本质，那么我们就必须懂得构建操作系统的根据。

（2）构建操作系统的根据就是：在股市博弈总体不确定性的大环境之下，必须发现和分离出股价运动的确定性因素。换言之，就是要建立自己的科学交易观与正确交易方法。

第二步，构造操作系统。

（1）必须明确操作系统的目的：克服人性的弱点，从而便于知行合一。

（2）必须明确操作系统的特性：整体性与明确性。

（3）操作系统会随着时间和市场外部环境变化，对操作系统进行修改或对它的参数进行调整。

（4）操作系统包括许多基本子系统。比如：行情判断、人性控制、板块动向和风险管理。

第三步，检验操作系统。

（1）检验操作系统包括统计检验、外推检验以及实战检验。

（2）必须考虑交易成本。

（3）必须考虑建仓资金量大小导致的回波效应。

（4）必须考虑小概率事件（统计学上的胖尾）对操作系统的影响。

第四步，执行操作系统。

（1）在日常操作中，主观必须服从客观，操作要有根据，必须消除欲望。

（2）模拟操作不能少，尽管不交易，仍然要仔细看盘、复盘，从而去揣摩多空主力的思路，只有多实践勤动脑，做到知行合一。

总的来说，交易者所面对的首要问题就是是否存在有效的系统，来保证自己不断从股市中获利。所以说，成功的交易者都有自己成熟的系统，当然，不成功的交易者或许也有。尽管有的人偶尔会从市场中获利，然而没有自己操作系统的人最终会将利润还给市场。

二、要抓住技术分析的要领

缠中说禅认为，在技术分析中，必须要抓住技术分析的本质。他是如此总结技术分析的要点的：

"很多人爱用巴菲特说事，所谓价值投资，其实不过是一种传销手段而已。股票，归根结底就是废纸一张，而其传销本性决定了，股票的所谓价值可以是这样一个完美的圈套，任何不承认股票废纸性质的理论，都是荒谬的。任何股票，如果是因为有价值而持有，那都不过是唬人的把戏。长期持有某种股票的唯一理由就是，一个长期的买点出现后，长期的卖点还没到来。"

"**技术分析系统之所以重要，就是因为对于一个完全没有消息的散户来说，这是最公平、最容易得到的信息，技术走势是完全公开的，对于任何人来说，都是第一手，最直接的，这里没有任何的秘密、先后可言。**技术分析的伟大之处就在于，利用这些最直接、最公开的资料，就可以得到一种可靠的操作依据。单凭对技术分析的精通与资金管理的合理应用，就完全可以长期有效地战胜市场，对于一般的投资者来说，如果你希望切实参与到市场之中，这是一个最稳靠的基础。"

"本人觉得，如果你只是想挣点钱，那么没必要学什么技术分析，在牛市里，买基金就可以了，特别是和指数相关的基金，你就至少能跟上指数的涨幅。但市场不单单是为挣钱而存在的，市场是一个最好的修炼自己的地方，人类的贪婪、恐惧、愚蠢，哪里最多？资本市场里，每时每刻都在演绎着。在这个大染缸里修炼自己，这才是市场最大的益处。战胜市场，其实就是战胜自己的贪婪、恐惧、愚蠢，本人

的理论只是把市场剥光给各位看，而剥光一个人并不意味着就等于征服一个人，对于市场，其道理是一样的。不干，不可能征服市场。对于市场来说，干就是一切。技术分析的最终意义不是去预测市场要干什么，而是市场正在干什么，是一种当下的直观。在市场上所有的错误都是离开了这当下的直观，用想象、用情绪来代替。例如现在，还有多少人为工行的上涨而愤愤不平，却不能接受这样一个当下最直观的事实。多次反复强调，牛市第一波涨的就是成份股，工行这最大的成份股不涨，还有谁涨？1996 年的牛市，最大的成份股就是发展，那时候比这不厉害多了，工行这又算得了什么？"

"市场是有规律的，但市场的规律并不是显而易见的，是需要严格的分析才能得到。更重要的是，市场的规律是一种动态的，在不同级别合力作用下显示出来的规律，企图用些单纯的指标、波段、波浪、分型和周期等预测、把握，只可能错漏百出。但只要把这动态的规律在当下的直观中把握好、应用纯熟，踏准市场的节奏，了解它并不是不可能的。"

"如果真明白了本人的理论，就会发现，其他技术分析里所说的现象，都能在本人的理论中得到解释，而且还可以给出其成立的相应界限。例如，一只股票新上市后直接向下 5 波后反手就向上 5 波形成 V 字形，按波浪理论，就无法得到解释，而用缠中说禅走势中枢的定理，这是很容易解决的问题。那些理论都是把复杂的走势给标准化成某种固定的模式。对于庄家来说，对一般人所认识的所谓技术分析理论，早就研究得比谁都精通，任何坐过庄的人都知道，技术图形是用来骗人的，越经典的图形越能骗人。但任何庄家，唯一逃不掉的就是本人在分析中所说的那些最基本的东西，因为这些东西本质上对于市场是'不患'的，只要是市场中的，必然在其中，庄家也不例外。就像任何的大救星，都逃不掉生老病死。"

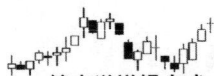

"这里必须强调，技术分析系统在本人的理论中只是三个独立的系统之一，最基础的是三个独立系统所依据的概率原则所保证的数学上的系统有效性。"

实际上，缠论所指的技术分析方法就是一种经验模型，它解释变化原因的根据是在经验模型上所建立起来的逻辑关系。以这个理念为出发点，技术分析方法发展和创新有三种途径：第一，从现有技术分析方法入手，加以发展，从而总结出新的逻辑关系，去解释许许多多的变化；第二，把现有技术分析方法与交易品种结合起来，去建立适合于特定交易品种的逻辑关系；第三，发现新的经验模型，从而创造出新的技术分析方法。

技术分析是属于统计学的范畴，实质上它是一种概率分析，对此必须要有清醒的认识，技术分析不可能告诉交易者市场下一步将会如何发展，假如交易者认为可以通过技术分析获得一个必然结果，技术分析一定会成为交易者谋杀自己的最有力武器。因此交易者更早认识到这一点，就更有利于自己提早迈向技术操作的成功殿堂。

技术分析的实质，按缠论的说法就是由人的贪、嗔、痴、疑、慢等一系列行为活动产生的结果。只有认识了事物的本质，才能不被表面现象所迷惑，也不会对一切的技术分析方法所迷恋，从而明白任何时候事物都是相对而言的，必须从辩证的角度去分析问题。因此应该从交易者们的心理状态方面去进行分析，掌握市场的情绪，去辨别真假。譬如阻力位、支撑位、头肩顶和双顶等，是交易者对将来的预期的合力结果。每个交易者就是一个很小的分力，以后技术分析时必须认真地分析背后的潜在的心理因素，唯有如此才能提高技术分析的档次，不能形而上学地去分析形态学方面的东西，很明显是有所偏颇的。

三、训练看图思维

缠中说禅说："一定要看走势图，那是世界上最昂贵的图画，最昂贵的艺术品，多看，就如同培养你的鉴赏力，为什么玩古董的，很多人总是被假玩意儿骗，而有人就能专破假玩意儿，这就是鉴赏力等的问题，但这是需要磨炼的。磨炼的时候，被骗几次，那是最正常不过的事情。为什么很多人在市场中很痛苦，就是他不热爱这走势，走势是最好的艺术品，你站在热爱的角度，才能激发你的鉴赏力。否则，你脑子里总是被盈亏之类的贪婪之念所占据，眼睛怎么可能不被蒙蔽？"

看图、贴图以及画图则是缠中说禅每天必须做的基本功。

正如缠中说禅所说的："一定要多看图，那些都是用钱画出来的。你想想，现在最牛的画，一般的级别也就几千万元，而随便找一个图，几乎都要上亿元才能画一个日分时，就别说日线图、周线图、年线图了。这么珍贵的画，还不好好欣赏，也太浪费了吧！"

每天贴图，有时很有意思，有时是比较枯燥的。当然枯燥也没有办法，这就是练习看图思维。根据缠论的要求，必须随时将市场给予的所有机会反映出来，至于想不想做，那是另外一回事了。缠论是这样论述的：

"练习的第一步，很简单，就是在任何时刻点位，都能马上根据理论把机会第一时间反映出来。"

"训练看图思维，可以使用季度线与年线对图进行标准的缠论术语描述，并对缠论分析引申出的完全分类对应基本面进行甄选最可能的情形，以加强基本面与图形联系的感应，或者说思维习惯。事物的发

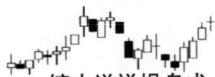

展不是孤立的，而是无时无刻不与外界相互联系的，也就是说，发展中的事物本身就是全息的，反映着与其联系的事物。从这个角度，图形一体有多面，其中基本面就是与股市交互发展中影响最主要的一个面，其与图形之间一定具有某种逻辑的对应联系。通过看过去的图，通过严谨的缠论学术语言描述已经发生了图形，回忆与图形演绎相伴的基本面，从中可以体会到基本面与图形相生的内在联系，并锻炼自己未来结合基本面的图形推理思维能力与习惯。"

"比如季度线那图，反抽 5 季线，比如年线那图，年线底分型突破后回抽，2007 年大涨，2008 年是跌，是继续攻击，还是横？同样一个图形本体，或者说就一体、一心、对应的分型理论、次级别的走势类型理论以及 MACD 与均线系统，都是多面，其描述的体只有一个，也就是心只有一个，就如你的一颗心。或者说图形一个体，穿了多件衣服。"

"这些思维上的、哲学上的、世界观上的（如世界不是僵化的，而是无时无刻不在与外界交换着，必然性与随机性交互）理解，对于研究缠论达到的层次具有制约性。这直接关系着你心中的股市图是立体的、丰富的、时空交织的，无时无刻不与基本面交流，同时随机性与必然性交织的，还是单一的、僵化对应的、单色调的。这些客观的理解，丰富的理解，不是单一的、狭隘的理解，或者概括说，这些东西是你的股市眼界，说明你内心的修为，站的高度，决定你最终可以走多远。"

"技术的东西是万变的形态，不是根本，就如代表生命的生物形态万千一样，抓住技术固然让人简单快乐，但是那不是根本。聪明的人是在修行技术的同时，体会内在的本质，即使把你抛入无人的沙漠，你仍可以创造性地因时因地因人地开发出适合的形。有了这些修为，形态的东西的掌握就具有了其更高的意义。"

"从某种意义上说，我们学习技术就是为了破掉技术。我们作为生命生存生活，就是为了破掉生命，不为生命所束缚，这就是相辅相成。有些东西是个体难以影响的，趋势就是这个层面的东西，分析股市就是分析这趋势，可资借鉴的就是基本面基本逻辑，找到内在的联系，体会其中的必然性，并在实践中不断体会修正，最终动态地抓住那个不为个体所改变的东西，如是也。"

"当下身处股市之中，感应其中的对应，对板块、日线图、30分钟图做立体分析，就进一步印证了选择题的答案。这所有的分析思路都源自世界是如何运行的世界观，同时要深刻认识到这些主观认识的局限性，不为其所束缚，对客观的趋势选择充分尊重，而不要有个体意识。一体多面，一心多面，多面入眼，回归一体一心，不变应万变，万变回归不变。这些东西说出来，很多人心里没有对应没有感觉，那是因为你的镜子世界还是单一的，一旦它丰富起来，你就可以回到那个镜子世界中，自己化为乌有却真实地存在于那面镜子世界中，偷偷对照自己的镜子世界与客观外界还有哪些不同不精确，如此，这个镜子世界就会不断丰富清晰，结构化，如此，外界的树木、粮食、钢铁就会成为智慧的工具，你就具有了不僵化的创造性。"

"这种游离精神，也是为什么吓唬你不恐惧，给你好东西不贪婪的定力所在，这是智慧的前提，也是股市中定力的来源。因为你已经学会站在自己之外看自己与世界，在万物之中体会万物之理，你自然具有了定力，世界不可欺你，你自然知道什么东西具有可靠性、必然性，而什么东西是随机的。"

综上所述，看图思维训练的确非常重要，这是成功的交易者必经之路。

四、不要作出预测，而是对当下的市场作出判断

缠中说禅在博客中多次提起**不要作出预测，而是对当下的涨跌作出及时的判断**。

很多人希望能够预测市场，看别人的股评、博客，最希望看的就是别人，特别是权威、名家对后市的预测，这也许可以理解，也可以迎合，但却是没有好处的。而在缠论看来，这是绝对错误的、危险的，因为预测容易引导人的幻想，从而破坏对市场的感知。预测本质上是一种妄念、妄想。还是让缠中说禅来说吧。

下面是缠中说禅的原话：

"而本人的理论判断，同样是建筑在当下构成的判断中，这是本人理论又一个关键的特征。"

"市场中，买点上的股票就是好股票，卖点上的股票就是坏股票，除此之外的好坏分类，都是瞎掰。你的命运，只能自己去把握，没有任何人是值得信任的，甚至包括本人。唯一值得信任的，就是市场的声音、市场的节奏，这需要你用心去倾听，用一颗战胜了贪婪与恐惧的心去倾听。市场的声音，永远是当下的，任何人，无论前面有多少辉煌，在当下的市场中，什么都不是，只要有一刻被贪婪与恐惧阻隔了对市场的倾听。"

"股票，如同跳舞，关键是节奏，节奏一错，就没法弄了。买点买、卖点卖，就是一个最合拍的节奏，任何不符合这个节奏的，都要出乱子。例如，你是按 30 分钟级别操作的，明明顶背驰了，你不卖，一定要想着还要高，然后底背驰的时候忍不住了，杀出去，这样下来，

你很快就不用玩股票了，因为股票很快就玩死你。走势有其节奏，你操作股票，如同和股票跳舞，你必须跳到心灵相通，也就是前面说的，和那合力一致，这样才是顺势而为，才是出色的舞者。如果不明白的，今天去跳一下舞，找一个舞伴，把他的节奏当成股票的节奏，感应一下。"

"感应，是当下的，如果当下你还想着前后，那你一定跳不好舞。股票也一样，永远只有当下的走势状态，股票的走势，没有一个必然的、上帝式的意义，所有的意义都是当下赋予的。操作是一样的，是否要走，完全可以按当下的走势来判断，无须任何的预测。不背驰，就意味着还有第三个中枢出现，以此类推。显然，上面的操作，不需要你去预测什么，只要你能感应到走势当下的节奏，而这种感应也没有任何的神秘，就是会按定义去看而已。"

"那么，30分钟的a+A+b+B+c里，这里的B一定是A的级别？假设这个问题，同样是不理解走势的当下性。当a+A+b时，你是不可能知道B的级别的，只是，只要b不背驰，那B至少和A同级别，但B完全有可能比A的级别大，那这时候，就不能说a+A+b+B+c就是某级别的上涨了，而是a+A+b成为一个a′、成为a′+B的意义了。但无论是何种意义，在当下的操作中都没有任何困难，例如，当B扩展成日线中枢，那么就要在日线图上探究其操作的意义，其后如果有c段，那么就用日线的标准来看其背驰，这一切都是当下的。至于中枢的扩展，其程序都有严格的定义，按照定义操作就行了，在中枢里，是最容易打短差降成本的，关键利用好各种次级别的背驰或盘整背驰就可以了。"

"所以，一切的预测都是没意义的，当下的感应和反应才是最重要的。你必须随时读懂市场的信号，这是应用本人理论最基础也是最根本的一点。"

"如果你连市场的信号、节奏都读不懂，其他一切都是无意义的。

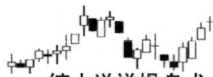

还有一点很重要，就是你读懂了市场，但却不按信号操作，那这就是思维的问题了，总有着侥幸心理，这样也是无意义的。按照区间套的原则，一直可以追究到盘口的信息里，如果在一个符合区间套原则的背驰中发现盘口的异动，那么，你就能在最精确的转折点操作成功。本人的理论不废一法，盘口功夫同样可以结合到本理论中来，但关键是在恰当的地方，并不是任何的盘口异动都是有意义的。"

"由于市场是当下的，那么，投资者具有的思维也应该是当下的，而任何习惯于幻想的，都是把幻想当成当下而掩盖了对当下真实走势的感应。而更重要的是，本人的理论，并不是一个僵化的操作，都是永远建立在当下之上的。"

最后缠中说禅还指出："**世界金融市场的历史一直在证明，真正成功的操作者，从来都不预测什么，即使在媒体上忽悠一下，也就是为了利用媒体。真正的操作者，都有一套操作的原则，按照原则来，就是最好的预测。**"

当年缠中说禅在操盘时极少作出预测，这个预测是包括具体的点位和级别。如果作出预测极易受到思想的束缚，则对于后市的判断就难免产生影响。对于缠中说禅来说，缠论从来没有预测的理论，而他只有一个当下的理论。缠论的不预测并不代表一点也不预测，而是在需要的理论允许的范围之内，假如超过了理论的允许，那就极易犯错误。

许多交易者做得最多的不是操作，而是预测。他们往往关心什么事情出现了，市场应该如何发展。然而市场根本不理睬这些理由，继续它的发展方向。可以预测当然非常好，但是当预测与现实相背离的时候，我们应该跟着现实走。

不要相信能够超越现实的预测，所有现实的改变最后归根结底是现实。如果从预测的角度来考虑问题，那么现实永远是有罪的。而现

实是什么？非常简单，就是市场当下实际的走向。

因此，所有的预测没有任何意义，当下的感应与反应才是最重要的。交易者必须随时读懂市场的信号，这是应用缠论理论最根本的一点。若交易者连市场的信号和节奏都读不懂，其他一切都是毫无意义的。然而最重要的一点就是读懂市场，但却不按照信号进行操作，那就是思维的问题了，总是抱着侥幸心理，这样也是没有意义的。**技术分析的终极目标不是去预测市场要做什么，而是市场正在做什么，这就是一种当下的直观。**在市场上一切的错误都是脱离了这当下的直观，用想象或者情绪来代替现实。技术分析的确在本质上涉及预测，并不可能有 100%准确性，可是实际的操作必须要依照市场的最终选择进行，不能将分析与预测当作市场本身的走势，而后者才是操作真正所依靠的根据。

五、按照分段操作原则

图形都是非常随意的，看起来不错的图形，但**大趋势不好，瞬间就会变坏**，最关键的就是判断基础不错的图形是如何向好的方向持续发展，图形背后就是预期，大趋势是影响预期的最主要因素，**大趋势突变，预期就会突变，交易心理也会突变，原先的合力基础根本就不存在了**。如果合力基础不存在了，那其后就会下跌、扩展或盘整。而下跌是从第一笔开始的，第一笔对下跌、扩展以及盘整来说，都是一样的。如果第二笔不创新高，扩展便排除。第三笔是否止跌，则是下跌与盘整的分水岭。这就是分段操作规避风险的基础。

缠中说禅曾说过："有一种错误的思维一定要消灭，否则死无全

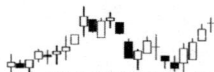

尸。那就是千万别有等下一大级别再如何如何的想法。10000 点跌到 6000 点反弹到 8000 点，然后跌到 2000 点再反弹到 4000 点，你说相对 6000 点到 8000 点，2000 点到 4000 点是不是大扬？但这有什么用？不会分段操作，一味死扛的根本不该到股市中来，股票就是分段操作的，下一段就算有天大的宝贝，都和当下这一段无关，任何的操作只关心当下的苹果，吃到就是英雄，否则就是垃圾。"

他是这样解释的："本质上本人的理论，是最好的一套分段原则，这一套原则，可以随着市场的当下变化，随时给出分段的信号。（分段原则→分段信号→分段操作，预测什么！）按照本人理论来的，其实在任何级别都有一个永远的分段：X=买点，买入；X=卖点，卖出；X 属于买卖点之间，就持有，而这持有的种类，如果前面买点、卖点没出现，就是股票，反之就是钱。按照分段函数的方法，本人的理论就有这样一个分段操作的最基本原则。因此，如果你真学习和按本人的理论来操作，就无须考虑其他系统，或者说其他系统都只能是参考。本人解盘的时候，之所以经常说均线、高点连线之类的，只是为了照顾没开始学本人理论的人，并不是本人觉得那种分类有什么特殊的意义。本人的理论，任何时候都自然给出当下操作的分段函数，而且这种给出都是按级别来的，所以本人反复强调，你先选择好自己的操作级别，否则，本来是大级别操作的，看到小级别的晃动也晃动起来，那是有毛病。"

缠论通过分段操作来规避风险。其实股票操作就是分段操作，坚决地去执行操作级别的买卖点。

六、把握好市场的节奏

市场的节奏就是买点买和卖点卖，用缠中说禅的话来说，"没有节奏，只有死"，为此能够看出市场的节奏是多么重要。

缠中说禅说："本人只知道跟着市场的节奏舞蹈，只要跟着市场的节奏，在刀锋上一样可以凌波微步。节奏，永远是市场的节奏，一个没有节奏感的市场参与者，等待他的永远都是折磨，抛开你的贪婪、恐惧，去倾听市场的节奏。只要你能按照节奏来，没有人能阻挡你。市场是有节奏的，把握当下节奏，没有人能战胜你。"

缠中说禅还指出："**在市场中，只能存天理，灭人欲。买卖点是合力的结果，买点出来，涨就是天经地义，一切事情要按节奏来，先干什么后干什么，是有规矩的。**"

在股票市场中，节奏就是一个永远的主题，无论高手还是低手最终考验其的则是节奏，轮动仅仅是节奏的一种方式，而最重要的节奏是买卖点，所有的节奏都应该以它为基础，当然轮动也包含在内。

股票操作的节奏是极其重要的，股票操作归根结底则是买点买、卖点卖。是否能够做到，那就是技术准确度问题，这个经过实践必定会不断提高，就是熟能生巧。而节奏来自对级别的十分清楚认识，如果没有级别的话，所有的买卖点都是白搭了，更不要谈什么节奏了。

用小级别操作的节奏更加重要。你抛出了不买回，那还不如不抛出，等待大级别的卖点再说。买入了就要想着卖点，卖出了就要想着买点。假如时间不够或者操作不方便，那么就应该选择大级别的操作。不要操作小级别的，否则买卖点极易错过而小级别只适合于职业或者至少是半职业看盘的。

为什么必须看买卖点，为什么必须强调节奏，最终是为了资金的利用率和安全性。这对大资金是一样的，而对小资金来说，掌握好节奏，你的效率更加高。要想有效率，应该要有节奏，如果要有节奏，就必须先把握好买卖点。

如果大跌的时候，那就应该把眼睛放大，去寻找出现第三类买点的股票，这才是股票操作真正的节奏和思维。最好就是寻找有大级别第三类买点的强势股票（次级别不跌回中枢中，而能不跌回最高点那一定是最强的）。选股票必须要按照技术来寻找，寻找有第三类买点的，或者至少是刚从第三类买点起来的。

市场的节奏就是市场的步伐和声音，相当大程度地决定了交易者投资的命运，而交易者投资的命运，只有自己去掌握，所有人是不值得信任的，唯一值得信任的就是掌握市场的节奏的能力，这就需要交易者用心去倾听市场的声音，用一颗战胜了恐惧和贪婪的心去倾听、努力感知，并积极主动地紧跟市场的步伐。

与此同时，市场的节奏永远就是当下的，很多次的成功完全不能抵消一次彻底的失败。所有交易者不论前面有多么辉煌，只要有一刻被恐惧和贪婪阻隔了对市场声音的倾听、踏错了市场的节奏，那么这个交易者就走入鬼门关。除非你能够猛然惊醒。

要想踏准市场的节奏，应该牢记缠论的这些要点：

（1）在买点中买入，买点仅仅在下跌中，没有任何一只股票能值得追涨。

（2）在卖点中卖出，没有任何一只股票能值得杀跌。

（3）任何买卖点都是有级别的，大级别下跌调整未结束前，一个小级别的买点进入则意味着要冒大级别走势持续的风险，这就是典型的刀口舔血。相反地，在大级别的上涨持续时，只需要关注小级别的

卖点是否能够改变大级别的上涨走势，如果不能，那么必须要在小级别的买点买回来，否则的话就有踏空的危险。

（4）当你买入的时候，你应该先问自己，这是买点吗？这是什么级别的什么买点？大级别的走势怎么样？当下各级别的中枢如何分布？大盘的走势又如何？该股所在板块如何？而卖点的情况与这相似。只要你对股票的情况分析得越清楚，操作起来才更得心应手。

（5）准确度能够提高，然而节奏不能乱，节奏比准确度更重要。宁愿卖早，不能买错。

（6）按照本身的实际情况（技术、资金以及时间），来确定自己的操作级别，接着踏准本级别的市场节奏。

（7）在市场中永远有翻身的机会。一旦发现节奏错了，唯一要做的就是跟上节奏。譬如，你错过第一类买卖点，还有第二类买卖点，假如你连第三类买卖点都错过，连错了三次，死了也活该。

"节奏"不仅是缠论最重要的内容之一，而且还是每个市场参与者必须烂熟于心的关键技术。

市场是极其残酷的，对于违反市场节奏的交易者来说，不是深套就是巨亏；市场也是非常美好的，关键就是要踏准节奏，该买入时买入，该卖出时必须要卖出。

七、养成好的交易习惯

缠中说禅说："**市场里，好习惯是第一重要的。一个坏习惯可能让你一度盈利，但最终都是坟墓。**别怕机会都没了，市场中永远有机会，关键是有没有发现和把握机会的能力，而这种能力的基础是一套好的

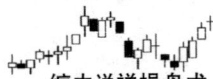

操作习惯。"

成功就是一种习惯，成功的交易也是一种习惯。大多数交易者误认为参与市场交易的过程，需要付出辛勤的劳动，实质上这是一种曲解，所谓辛勤的劳动就是指形成方法的过程，而不是指参与交易实战的过程。实际上，成功的交易只是正确模式的简单而重复的市场应用。成功交易仅仅是把正确的交易变为一种习惯！

缠中说禅总结出七条好的交易习惯：

（1）不追高就是投资第一要点。永远不追涨杀跌，没有股票是值得追高买入的，同样也不要杀跌卖股票。

（2）必须要强迫自己将股票的种类降下来，对于小资金而言，必须要有集中点，通常来说，100 万元以下的资金若超过 5 只股票，那么就显得太多了。

（3）一定有买点，而且还有符合自己操作的级别的买点，这才是交易者受用一生的思维模式。必须培养这样的习惯，就是交易者的眼光，只是投向有买点的股票。关键就是看图，看是否有符合操作级别的买卖点。假如能将 30 分钟级别的节奏抓住，那么市场上 95%的人都不是你的对手了。

（4）一切操作的困难都是操作的失误导致的，养成好习惯则是交易中第一重要的事情。必须养成绝对不追高的好习惯，除非是刚启动的。

（5）必须要习惯于在放量突破回调的时候买入股票，这样风险就会小许多。不要在以巨量大阴线形成顶部的下跌反抽中介入，这是交易大忌。

（6）必须要在调整结束之后将启动时介入，这是在市场中生存的最佳方式。中线大幅上涨之后，要等待中线调整结束再买入，尽管这样会浪费许多所谓的机会，然而必须这样才能活下来。

（7）操作股票就是一个快乐的游戏，不要把自己搞得那么苦。只要坚持只选择第一类和第二类买点进入，这是保持快乐的好方法。

八、防范市场风险

所谓利润实际上就是风险的产物而不是欲望的产物。将风险放在第一位的，是可以自身控制和规避但不是逃避，由于所有利润的获取都是承担一定风险才能得到的回报，只要操作的思想正确，对于该承担的风险我们要不慌不忙。

缠中说禅这样说过："**要搞清楚，什么是市场的风险。有关风险，前面可以带上不同的定性，政策风险、系统风险、交易风险、流通风险和经营风险等，但站在纯技术的角度，一切风险都必然体现在价格的走势上，所有的风险，归根结底，最终都反映为价格波动的风险。**例如，某些股票市盈率很高，但其股价就是涨个不停，站在纯技术的角度，只能在技术上衡量其风险，而不用考虑市盈率之类的东西。"

他指出：是否能明确定量和系统化，从根本上一定要限制住你的单次和总的交易风险，这就是区分赢家和输家的分界点，然后才是天赋、勤奋以及运气得到很大的业绩，而业绩怎么样，很大程度上是取决于市场，即"成事在天"。至于输家再多么辉煌都只是震荡而已，最后是逃脱不了输光的命运。

市场风险主要有非系统风险和实盘操作风险两种。那么，如何防范这两种风险呢？

1. 非系统风险的防范

缠论认为，所谓非系统风险实际上是不可准确预测的，只能进行

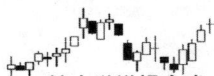

有效的相应防范，这些要点是必须要注意的：

（1）一个最终结果取决于价格与价值的相互关系。当市场处于低估阶段时，就必须注意向多政策的影响；相反地，当市场处于泡沫阶段时，就应该注意向空调控的影响。

（2）最终的盈利就是在于个股，一只有着长线价值的个股，是抵抗一切中短分力的最终基础。所以，个股所对应企业的好坏和成长性等都是一个基本的底线。只要该底线能不被终结，那么，所有都只是过眼云烟，而中短的波动反而提供了长期介入的买点。

（3）必须控制仓位。将资本市场当作赌场的，永远进不了资本市场的门。在进入泡沫化阶段之后，必须坚持只战略性持有，不再进行战略性买入的根本原则。

（4）恐惧和贪婪都是导致失败的祸首。假如你保持好的仓位，有大量的应对资金和低成本，就能使市场的风将你送到足够远的地方。你可以对政策保持警觉性，然而没必要对政策如惊弓之鸟，每天自己恐吓自己。

（5）一旦政策硬调控产生，就要选择一切可能的机会出逃。在历史上所有硬调控的产生，其后尽管调整空间不太大，然而时间也少不了。

（6）关键还是必须在上涨时赚取足够的利润。成为市场的最终赢家，与是否提前一天逃掉没有任何关系。在资本市场中并非只靠这种起点游戏就能成功。心态要放平稳一点，关键就是反应，而不是神经兮兮的预测。

（7）必须养成好的操作习惯。只有成本为零的时候，才是最安全的，这大概是完全规避市场风险的唯一办法。

2. 实盘操作风险的防范

人们都认为"股市有风险，入市需谨慎"，仅有精神上的"谨慎"是不够的，如何将它体现到实盘操作中呢？缠论认为，必须有

两个思路：

第一，**必须提高买卖点的胜率**，简单地说就是转折成功率。

那么，怎样来提高呢？其基本方略就是"确认、确认、再确认"。这三个确认就是指时序确认、级联确认以及关联确认。

缠论的三类买卖点是高胜率操作点，它充分体现了确认的基本方略。譬如，"区间套"是级联确认的实践；缠论强调的不创新低的二买更适合于散户，是时序确认的实践；缠论选股公式中的三个独立系统的乘法原则是关联确认的实践；缠论重点推荐的第三类买卖点则是最典型的时序确认实践，突破中枢，反抽不破确认，前后走势的结构明确地表达了合力的攻击意图。

第二，**必须提高买卖点的盈率**，即风险利润比。

寻找高胜率的操作点还是远远不够，还应该给每一个操作带上"保险"！具体来说，就是给该操作点严格地设置意外退出（止损）与标准退出（止盈），与此同时依照风险空间和利润空间的测量计算出这个操作点的盈率，接着在资金管理系统中寻找对应情况的仓位量化标准。尽管该操作点的胜率较高，然而赢率达不到你交易系统的最低要求，唯一选择是：舍去。

第十一章　缠中说禅的操盘策略

缠中说禅说过："市场考验的是长期的盈利能力，而不是一次爆发的能力，关键是长期、有效的交易策略。买入时要把各种情况想好，持有要坚决，卖出更要坚决，这样才能逐步提高。是你炒股票，不是股票炒你，先从自己下手。"

他进一步说："操作是双面的，可以先买后卖，可以先卖后买，可以先卖后买再卖，关键是看图操作，不要凭自己的情绪。按图形来操作，把级别定好，但千万别太机械了，要配合好大级别的，否则都按1分钟来，就机械了。"

缠中说禅不仅有着高超的技术，而且他对股市、自然以及人类本性有着深刻体会。

一、缠论操盘的模式

1. 缠论的盈利模式

（1）选股、做股要专一。

（2）成本为零就是股市不败的唯一前提。

（3）做中长线是股市赚钱的唯一秘诀，短线只是将成本降下来。

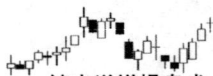

（4）确保两个月翻一番，是股市到千万元的唯一道路。

2. 缠论的操作模式

（1）挑选行业龙头的股票，做最具有成长性公司，并长期持有。

（2）通过中枢震荡以及中枢上移，使成本为零，从而多赚钱。

（3）在大的卖点到来时，就清仓退出。

3. 缠论的操作级别

（1）在30分钟级别上建仓；在5分钟级别上进行波段操作。在1分钟级别和线段级别上进行T+0。

（2）缠论均线战法作为辅助判断。5线和10线看笔，55线和89线看线段。均线支撑压制，任何两条均线的关系就是湿吻、唇吻、飞吻。

（3）中枢操作法。就是运用震荡区间酌情做差价。

（4）5分钟战法。在上涨走势中（日线一笔，30分钟线段，5分钟走势）是应该介入的。在下跌时持币观望。

4. 缠论的买卖节奏

（1）在30分钟走势中一、二、三买介入，一、二卖卖出。时间周期是17日以上。

（2）在5分钟走势中一、二、三买介入，一、二卖卖出。时间周期是5日以上。

（3）在1分钟走势中一、二买介入，一、二卖卖出。时间周期是2~3日。

（4）在1分钟线段走势中一、二买介入，一、二卖卖出。时间周期是1~2小时。

（5）在日线图上，30分钟中枢跌破55线受到89线的支撑，5分钟中枢跌破5线受到10线支撑，1分钟中枢受到5线支撑。

（6）在30分钟图上，看55线与89线的支撑，去研究30分钟的线段走势。

（7）在 5 分钟图上，看 55 线与 89 线的支撑，去研究 5 分钟的线段走势以及 5 分钟走势类型。

（8）在 1 分钟图上，背驰段中寻找背驰。

（9）必须设定止损位和止盈位，持续盈利就是目标，少赚总比坐电梯要强。

（10）对走势不确定的时候减仓或者清仓，以观望为主，合理地控制好风险。

（11）不要怕错失机会，股市到处都是机会，少亏多赚才是生存的法则。

（12）仓位可以分为底仓和流动仓，底仓是根据操作级别进出，流动仓则是根据小级别进出。

二、资金管理策略

缠论的资金管理策略就是：成本为零。他认为，成本为零就是股市盈利的唯一前提。

缠中说禅说："随着盈利的积累，资金越来越大，资金管理就成了最重要的事情。一般来说，只要有好的技术，从万元级到千万元级，都不是什么难事。但从千万元以后，就很少人能稳定地增长上去了。所有的短线客，在资金发展到一定程度后，就进入滞涨状态，一旦进入大级别的调整，然后就打回原形，这种事情见得太多了。因此，在最开始就养成好的资金管理习惯，是极为重要的。投资，是一生的游戏，被打回原形是很可悲的事情，好的资金管理，才能保证资金积累的长期稳定，在某种程度上，这比任何的技术都重要，而且是越来越

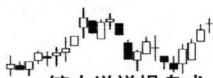

重要。对于大资金来说，最后比拼的，其实就是资金管理的水平。"

缠论在资金管理中针对每一只股票的最大原则是：**当成本为零之前，要将成本变为零；当成本变成零之后，就要多挣股票，一直到股票见到历史性大顶（至少出现月线以上的卖点）**。

缠论总结出五条资金管理要点：

（1）在第一类买点时买入应该要坚决，需要一次性买入（所占资金的70%）。假如你连一次性买入的信心都没有，说明你完全没准备好，那就一股都不要购买了。这只股票应该买多少，应该占总体资金多少，一开始就必须研究好，买入之后，资金就不能再增加。买入之后，假如下跌了，除非证明你没有买入的理由，技术上产生了严重的形态，否则的话一股都不要抛出。

（2）运用部分机动的资金（譬如30%，不同级别的短差必须要应用不同的资金量）去做一点短差，使成本降下来。然而每次短差，不要去增加股票的数量。唯有这样，才有可能将成本真正地降下来。

（3）在股票达到1倍涨幅附近寻找一个大级别的卖点抛出一部分，将成本降为零。因而就将原先投入的资金全部收回来了。

（4）当股票成本为零之后，就要开始多挣股票。也就是运用每一个短差，上面抛了之后，都全部回补，这样股票就越来越多，而成本还是零。

（5）等着一个超大级别的卖点到来，就一次性全部抛出。

总之，一个合理的持仓结构就是拥有的零成本股票越来越多，一直至大级别上涨结束之后。这样随着资金的积累，能够不断增加参与的股票种类，将这个程序不断持续下去。因此交易资金和交易难度就不会增加，而股票种类越来越多，然而成本都是为零。这就是一个最牢固的资金管理基础。

三、运用结构分析的方法

缠中说禅说："自从结构与解构哲学的流行，**用结构的观点观察，就是一个最基本的思维方式**，但问题的关键，很多所谓结构性的思维，不过是一种归纳性的结果，不具有任何的理论系统性与有效性。"

缠论的核心就是使用结构分析的方法，打破对市场的混沌认识而找到市场最基本的结构——关节。

缠中说禅在《远离聪明、机械操作》中指出："市场就如同一头牛，只有目无全牛，才可能随心解之而合其关节。"

缠中说禅进一步地说明："在本人的理论中，机械化操作的本质就是目无全牛而合其关节，因为，根据本人的理论，市场的结构已经被彻底分解，站在本人理论的角度，哪里有什么市场，不过是一堆的关节。而机械化操作，就是逐步合于其关节的节奏，而不被全牛的繁复所影响。"

简单地说就是，如果市场参与者不被市场整体的复杂性所影响，那么，就要找到市场的关节，才能自如地参与其中。

什么是关节？其实就是市场的结构。市场是能够认识，关键在于对其结构认识。我们再看一看缠论对自己体系的定位："**走势的不可重复性、自同构性结构的绝对复制性和理论的纯逻辑推导，这就构成了本理论视角的三个基本的客观支点。**"

走势的不可重复性决定了所有的判断必须是不能预测的；而自同构性结构的绝对复制性决定了所有的判断都是可以判断的，具有完全的可操作性；理论的纯逻辑推导便证明它结论的绝对有效性。

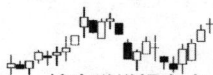

缠中说禅更深入地阐述道："股票走势，归根结底是不可复制的，但股票走势的绝妙之处就在于，不可复制的走势，却毫无例外地复制着自同构性结构，而这种自同构性结构的复制性是绝对的……这种自同构性结构的绝对复制性的可绝对推导性，就是本人理论的关键之处，也是本理论对繁复、不可捉摸的股票走势的绝妙洞察之一。"

在缠中说禅的眼中，市场是具有生命的。自同构性结构就好比基因，根据该基因和该基因图谱，走势便能够自动生长出不同的级别来，不管构成走势的人怎么改变，只要他们的贪、嗔、痴、疑、慢不改变，则自同构性结构就存在，级别的自组性就一定会存在。

缠论就像一面镜子，而市场如同是复杂的全牛，镜子能够帮助你看到全牛的骨骼构造以及肌肉组成。

对于操作而言，极其重要的则是目无全牛，合其关节。

虽然这仅仅是一种比喻，但走势比全牛的结构更复杂。目无全牛，合其关节，就是针对观察的对象来说，必须对它有充分的认识，肢解它就必须了解它的关节以及结构。

缠论肢解走势给出了两个重要的原理：一是走势终完美；二是级别的迁跃。

大多数人只知道一方面，不知道还有另一方面，相反的一方面就是重点和难点。

任何级别的所有走势类型最终要完成。走势终完美就是生的即将死去，死的即将会重生，这是从时间与空间二维的角度来看待问题，面对走势以一种平面二维的角度将走势展开，我们所看到的则是趋势+盘整+趋势+盘整+趋势——不断地循环往复。

而趋势可以分为上涨和下跌，这样走势便有了更多的组合性和可变换的空间。譬如上涨+盘整以后会是什么呢？在一个二维的层面我们并不知道此后是上涨还是下跌。

而走势不仅是有级别的，而且是具有自同构性结构的，级别的加入走势便有了立体的迁跃。

在一个级别中的生死，在更大级别中就形成另一层面重生的构件，生死是具有它的结构的，在更大级别上，走势便有了相应的可以约束条件，这就为迁跃进化的发展方向提供了相对的前瞻性。

而这结构有一点像染色体的螺旋结构那样，生生死死永不停息。如图 11-1 所示。

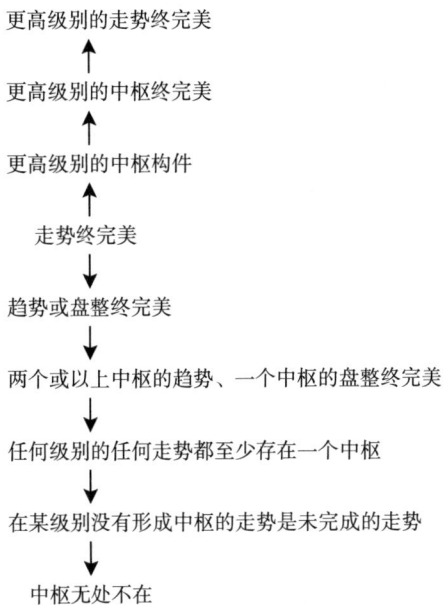

更高级别的走势终完美

↑

更高级别的中枢终完美

↑

更高级别的中枢构件

↑

走势终完美

趋势或盘整终完美

↑

两个或以上中枢的趋势、一个中枢的盘整终完美

任何级别的任何走势都至少存在一个中枢

↓

在某级别没有形成中枢的走势是未完成的走势

↓

中枢无处不在

图 11-1　缠论结构分析

由此可见，**趋势和盘整就是市场全牛的骨骼，中枢是在每一段骨骼上都存在着内部构造。**

因此，提出技术分析中要解决的最重要的问题，也是缠中说禅在博文中明确指出的：

（1）走势中枢问题是技术分析的一个核心问题。

（2）如何判断一个走势类型的完成。

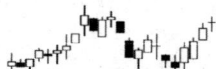

（3）如何在不同级别位次间进行灵活运用。

这三个问题是环环相扣的，难易是由上到下的，解决也是由上到下的。

四、运用各种不同组合方式进行操作

缠中说禅的操作灵魂就是"组合"，他一共有三个层次的组合。

1. 资源的组合

什么资源的组合？缠中说禅是这样认为的：

"说句实在话，做股票，归根结底是搞资源组合的能力，组合能力强，资金能长期坚持，有什么不能成功的？"

"在单一的股票市场中，不同风格、背景、势力的资金，各自控制着不同的板块，最大的几个，构成食物链的最上层。"

"庄家也没有什么可神秘的，一般庄家就这么几类：一类是国家机构的钱，次一等的像君安、中经开之类，纯粹就是当时市场太小，猴子也能称大王。另一类就是港台地区一带的游资，后来还有些国外的资金，这些人也能搞些东西出来，但毕竟不是地头蛇，也没什么厉害的。还有一类就是所谓的私募基金，后来连涨停板敢死队都被吹了一轮，这类的资金又能牛去什么地方；至于那些所谓正式的基金，开始是为相应的证券公司或机构接货，后来又鼓吹这种理念那种理念去蒙散户，一点技术含量都没有，就更没什么好说的了。"

2. 三个独立系统的组合

什么是三个独立系统的组合？就是基本面分析系统、技术面分析系统、比价分析系统。

下面是缠中说禅的原话：

"基本面分析系统+技术面分析系统+比价分析系统=天下无敌。"

"有这样一个推论，本人就可以构建出一个最合理的投资方案。

一是用最大的比例，例如将其中的70%，投在龙头企业（可能是两家）中，然后把其余30%分在最有成长性（可能是两三家）的企业中。注意，在实际操作中，如果龙头企业已经在基本面上显示必然的败落，那当然就选择最好的替代者，以此类推。

二是只要这个行业顺序不变，那么这个投资比例就不变，除非基本面上出现明显的行业地位改变的迹象，一旦如此，就按等市值换股。当然，如果技术面把握好，完全可以在较大级别卖掉被超越的企业，在其后的买点再介入新的龙头已经成长企业。

三是本人理论的独门武器了，充分利用可操作的中枢震荡（如日线、周线等），把所有投资成本变为零，然后不断增加可持有筹码。注意，这些筹码，可能是新的有成长性或低估价值的公司。

四是没有第四，如果一定要说，就是密切关注比价关系，这里的比价关系，就是市值与行业地位的关系，发现其中低估的品种。

以上这个策略，就是基本面、比价关系，与技术面三个独立系统完美的组合，能这样操作股票，才有点按本人理论操作的味道。

当然，以上策略，只适合大资金的操作，对于小资金，其实依然可以按照类似思路，只是只能用简略版，例如，跟踪龙头企业，或者跟踪最有成长性的那家。

并且，对于原始资本积累的小资金，利用小级别去快速积累，这是更快速的方法，但资金到一定规模后，小级别就没有太大意义了。"

3. 技术面里的组合

技术面里的组合，一是不同板块股票的组合，二是走势的分解组合。

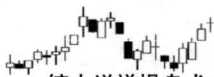

（1）不同板块股票的组合。至于不同板块股票的组合，缠中说禅是这样认为的：

"另外，给那些还希望有更大追求的人们一个提示，你看看本人说的股票，当成一个投资组合，你就会发现这个组合十分有意思，就是此起彼伏，几乎没有一天闲着的。为什么？对于大资金来说，这样是效率最好的，资金才可以最大效率地流动。"

"其实，上年初本人就明确表示，本人的股票组合就是这样的，如果你是散户，能左跳右跳地根据组合中的买卖点来轮动，那你的收益就十分惊人了，绝对比追什么黑马股票要牛多了，而且极为安全。当然，能做到这一点，并不容易，但这好像是一个考验、一个提高，现在做不到，也要有这方面的意识才行，否则，资金的高效率，就很难办到了。"

"注意，你的组合选择不一定按本人的来，本人的可以当成一个教学的版本。"

（2）走势的分解组合。缠论的形态学和动力学，这些手段都是为分解组合来服务的。

至于走势的分解组合，缠中说禅是这样认为的：

"按严格标准说，如果你能熟练地，无论任何图形，都能当下快速地按以上标准来分解并指导操作，那么对于本人理论的学习，就大致可以小学毕业了。"

五、运用区间套进行操作

"区间套"是缠论操盘的一个极其重要的部分，缠中说禅通常用它对一个买卖点进行准确判断。区间套在整个缠论操盘中的地位非常重要，它被运用到每一次分析当中、每一方法应用当中。

1. 区间套的定义

区间套就是依照背驰段从高级别往低级别逐级寻找背驰点（买卖点）的方法。运用区间套原理，去看低一级别的图，从中按照这种办法找出相应的转折点。这样与真正的低点基本没有很大的距离。

区间套寻找背驰点的理论依据是：低级别背驰是本级别背驰的必要条件而不是充分条件，也就是说，只有在低级别产生背驰的时候，本级别才有可能背驰。因此，我们能够从低级别去发现本级别背驰的准确点，换言之，**次级别的背驰决定了背驰点，某个级别的走势背驰了，那么应该确定它以下所有级别都转折了，这是一切背驰的前提。**

2. 区间套的完全分类

缠论就是运用级别区间套对买卖点来进行准确的定位。

（1）在区间套理论的逐级分析中，每一个级别的背驰形态都有ABC 三类。

（2）在区间套理论的逐级分析中，上下级之间不一定背驰"共振"。这又可以分为两种情况：一是上级背下级不背，因为下级走势比较强导致上级背了又背；二是上级不背下级背，这是典型的"小转大"。

（3）在区间套理论的逐级分析中，本级的背驰段有多义性，导致次级中走势分析有很大的不同。

这三个问题的"乘法"则是区间套形式多样的完全分类。

3. 区间套的应用规范

第一种情况是最普遍的。它的特点是时间与级别完全吻合。具体的方法是本级别进入背驰段之后，到次级别中去寻找背驰点，接着逐级寻找下去，一直至所有的级别都在背驰段，最小的级别最终背驰。

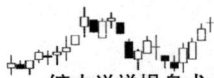

此方法要求应用者对本级别以下的所有级别都同时关注，就如同一个魔方，仅仅对好一面是远远不够的，只有多个面都对好才有价值。

第二种情况是小转大。本级别并没有进入背驰段，因小级别的突发情况造成本级别背驰，此情况是很难抓到第一类买点的，只可以在次级别回抽确认以后才能买到。此情况形成在空头或者多头陷阱，在本级别一个猛烈的上涨或下跌，但此后就反转了。

第三种情况是反复背离。必须注意是背离并非背驰，所谓"背了又背"就是此情况，则是本级别进入了背驰段，然而次级别以下的力度极大，造成本级别迟缓无法背驰，在本级别上就出现背了又背。然而只要没有打破背驰段，就应当密切注意。此情况会形成在筑顶或筑底的时期，反复地诱多或者诱空，诱多的时候就要快出，诱空的时候就应该战略性地建仓。

六、运用轮动操作法

跟踪大盘，这是缠中说禅每天必做的功课。他去跟踪各个级别的大盘走势，从而发现可以介入的阶段。比如个股复盘涨停板、政策信息、资金流向、板块热点以及板块轮动。最重要的就是可遇见性的热点板块，不断地跟踪。譬如煤炭、有色金属大涨，应该跟踪它的龙头，看这个板块的持续性怎么样。具体地说，缠中说禅是这样总结的：

（1）轮动操作必须是将热的冲高时抛出，其后去吸纳有启动迹象的潜力板块，而不是去追新高。板块轮动极其迅速，千万不能追高买入，必须寻找没动的有买点的买入，这样才能抢占先机。对于散户而言，不必要去参与板块的调整。如果板块动过的，那么等调整好了之

后自然又动了。所有板块的演绎大概都是一二三节奏的。

（2）任何一个板块的大资金布局并非一天就可以完成的，因此，你可以先去关注，最终短线最有力的还是那些已启动的板块。假如你想要快赚钱，那就要在这些已启动的板块中找补涨的。

（3）离开中枢的回抽的力度越小，其后可以期待越高。通常来说，资金不大的最多2~3个板块持股就行，这样在轮动的时候能够相互照应。一旦前期尚未动的股票，有新资金介入，而且在技术上有相应的买点，那就应该能够介入了。

所谓轮动就是指板块强弱指标的不断此消彼长，便反映了市场的轮动。板块的轮动都会根据最新的国家和行业发展情况，板块新题材，新的国家政策，新的社会现象以及主力对市场和政策等预测上涨或者下跌，不会形成排队轮动的现象。比如重大国家政策如4万亿元投资会带动基建、通信等板块的活跃。行业的重大政策或者明显复苏也会导致板块的活跃，比如产业振兴规划以及行业拐点的确立。

最强的板块则属于领涨板块，这个板块的动态就很关键了。另外，将所有板块的板块强弱指标列在一个图上，那么它的轮动的次序和节奏就非常清楚了，并据此配合具体股票的走势来进行分析，轮动操作就是这么简单。

参考文献

［1］缠中说禅博客 ［EB/OL］. http：//blog.sina.com.cn/chzhshch.

［2］江南小隐. 缠论解析：缠中说禅技术理论图解 ［M］. 北京：中国宇航出版社，2012.

［3］余井强. 解缠论——股市实战新论 ［M］. 北京：法律出版社，2011.

［4］余井强. 解缠论 2：证券投资分析与实战新论 ［M］. 广州：广东经济出版社，2013.

［5］陈秋明. 图解缠论：核心理论推导与实战演示 ［M］. 北京：中国经济出版社，2013.

附:

缠论操盘法则

在中国，最后的胜利者一定是政策。因为有技术，所以我们可以在刀锋上凌波微步，但是刀锋依然是刀锋。现在的政策信号已经足够频繁，如果如此大力密集地发行新股都不能平息资金的冲动，那么，更严厉的政策一定会出来。虽然这个游戏我们无所畏惧，但一定要有一根弦紧绷着，对政策的动向应百分之一千地密切关注。

技术分析系统之所以重要，就是因为对于一个完全没有消息的散户来说，这是最公平、最容易得到的信息，技术走势是完全公开的，对于任何人来说，都是第一手、最直接的，这里没有任何的秘密、先后可言。技术分析的伟大之处就在于利用这些最直接、最公开的资料，就可以得到一种可靠的操作依据。单凭对技术分析的精通与资金管理的合理应用，就完全可以长期、有效地战胜市场，对于一般的投资者来说，如果希望切实参与到市场之中，这是一个最稳固的基础。

跌的时候，要想买点；涨的时候，要想卖点，这才是搞股票的，否则是被股票搞的。

任何理论允许的情况，都要时刻面对接受，这点是最基本的准则。由于反弹构成较大中枢后继续下跌，因此下一次买点就要站在这新级别上看，各位自己去数数在这级别上已经有多少中枢，然后该干什么便一目了然。

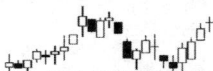

股票是分段操作的，下一段就算有天大的宝贝，都和当下这一段无关，任何的操作只关心当下的"苹果"，吃到就是英雄，否则就是垃圾。

操作其实很简单，一个基本的原则就是，任何走势，无论怎么折腾，都逃不出这个节奏，就是底、顶以及连接两者的中间过程，因此，在两头的操作节奏就是中枢震荡，只是底的时候要先买后卖，顶的时候要先卖后买，这样更安全些。至于中间的连接部分，就是持有，当然，对于空头走势，小板凳就是一个最好的持有，一直持有到底部构造完成。

某级别的中枢都是由三个以上次级别走势类型重叠构成，也就是说，一个 30 分钟的中枢，一定涉及上、下、上的三个 5 分钟走势类型。这就是构成我们操作绝对性的最坚实基础。

由于每类股票一旦在 N 类调整，要到 N+1 类，至少有很大一段时间折腾，所以这就给了一个轮动的最好选择，一旦一个趋势级别的走势在 N 类上出现顶背驰，就可以先出来一下，至少有几天偷闲的时间可以去找别的已经调整可以再启动的股票或者补涨的。

股市里死掉的，大半是聪明人，越聪明的，死得越快。要在市场上生存，就必须远离聪明，因为，你的聪明在市场面前一文不值。

市场，至少分为两个层面。用一个比喻，一个是锅的层面，另一个是肉的层面。而大多数的人，就是停留在肉的层面被市场之锅所煎熬。

在任何不确定时，唯一正确的做法就是控制仓位，你能自如地控制仓位，那你的水平就能上一个台阶。控制仓位，并不是说一定要空仓，而是把仓位控制在一旦发生特殊情况就能有足够措施应对的水平。

就在买点买，卖点卖；当然，买点并不一定是一个点、一个价位，级别越大的，可以容忍的区间越大。

散户绝对不要抄底，一定要等股票走稳将启动才介入；如果是短线，一定要在均线黏合时介入，这样就不用浪费时间。记住 5 周线是

中线生命线，5 日线是短线生命线。

中线的顶不是一天形成的，只有筑顶一定时间后才会出现那种大阴线，而上升途中的大阴线，只会引发多头更凶猛的反扑。不要在以巨量大阴线构造顶部的下跌反抽中介入，这是投资中的大忌。

背驰只是告诉你相应的升势告一段落，但没有承诺一定要调整多长时间与多大幅度，这个问题应该看低一级别的第一类买点回补，你看看该股低一级别的 5 分钟。出现明显的第一类买点，这就是一个回补的最好时机，后面的上涨，一点都没耽误。

离开级别，无所谓趋势；没有趋势，没有背驰；背驰是前后趋势间的比较，也就是说，在同一级别图上存在两段同方向的趋势是比较背驰的前提；趋势、盘整等都必须要在图上有明显的高低点。没有明显高低点的，只能构成趋势或盘整中一段。

买了股票就要随时监控着出货的位置，股票买了是要用来出掉的。什么时间出？关键就看你是在什么位置买的，一个最基本的原则就是，在某级别买点买的，就在某级别的卖点卖。

买了股票，就一定要从买点一直持有到至少同级别的第一类卖点。除非你的短线技术特别好，否则就不要乱动，没必要为券商打工。

不要追高介入任何股票，一定要在调整结束后将要启动时介入，这是市场生存的最好办法。

无论哪类买点，都是在下跌或回调中形成的，一定要养成习惯，不要回调不敢买反而追高买。

最差的调整也至少要去考验 5 日线甚至 10 日线，对调整无须畏惧，调整正是寻找下一次上涨好股票的时机，至少可以利用调整换股或打差价，前期没动的股票也会借调整启动。大盘调整时，关注逆市不跌的股票，下轮的黑马由此产生的可能性很大。

要反省自己的操作思路和持仓结构，如果资金量特别少就全仓进

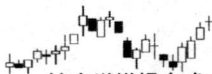

出，该卖就全卖，该买就全买，这样利用率高。

看技术买点，一定要综合地看，如果 30 分钟很强的，甚至是 1 分钟的买点也该回补了；但如果 30 分钟很弱，那至少要等 30 分钟的买点出现。

个股按图形来操作，把级别定好，但千万别太机械了，要配合好大级别的，否则都按 1 分钟图线段就机械了。要判断好大级别的走势，如日线在上涨中，那 1 分钟之类的就算走了，也一定要及时买回来，而且最好别按 1 分钟图操作，按 5 分钟图甚至更长都可以，除非是最后的急拉，那就要配合好 1 分钟图了。

第一类买点次级别上涨后，第一次次级别回调构成的第二类买点，其后肯定有利润，但经常会演化成大级别的盘整，特别在一些超级底部里，所以那时就要看中枢的演化情况，根据中枢的次级别的走势来决定大型中枢的第二类买点；而第三类买点和第二类买点在判断上唯一不同的就是，第三类买点的中枢级别比下面将要突破那个中枢级别要小。

如果你的资金量不大，不能短线操作，那么看 30 分钟的买点就足够了，当然，最好日线不能在背驰段里。

选股票要找好买点，在牛市里，第三类买点的爆发力是最强的，如日线上的；如果实在找不到，就找 30 分钟以上的。你可以把一些有潜力的板块，价位不高的、周线还没有拉升的当成自选，弄个 100 只左右的，然后每天在这些股票里选买点，这样就不会太累了。节奏弄好了，基本可以达到出了马上可以买别的股票，这样资金利用率就高。把已经走势坏的股票挑出你的股票池，不断换入有潜力的新板块，久而久之，一定会有大成果的。

盘整就要敢抛敢买，一旦出现第三类卖点进入破位急跌，就要等跌透，有点级别背驰再进入，这样才能既避开下跌，又不浪费盘整的

震荡机会。

背驰、盘整背驰都是走势分段的依据；所谓第三类买卖点对盘整结束的确认，最终也要看其内部结构的背驰、盘整背驰。

不是等跌了才问卖不卖，而是涨的时候一旦进入背驰段的区间套里，就要陆续卖掉，当然资金少的可以等到最后几个价位，资金多的就不可能了，第一类卖点没卖掉，就要在第二类卖点。如果是第三类卖点估计就要跌很多了。

炒股必须有一定的节奏、韵律，如果高价位没卖掉，低位去回补等于加仓，这样不好，一定要搞清楚向下段与向上段。特别是资金不多的，买就全买，如果回补信心不足，可以分单回补。只要是先卖的，回补起来就不会害怕了。

遇大盘震荡，具体的个股要根据自己的走势来决定进出，很多比大盘强的个股，就算大盘要补缺口其反而大幅上扬。个股操作一定要注意，技术不好的，即使是短线，也就看 5 日线，不破就拿着，不要习惯性乱跑，否则大盘一震荡，左右挨巴掌。另外心态一定要好，如果卖早卖错了，也没必要追高，等下一个短线买点再介入也不迟，大盘震荡中这种买点不难被发现。

既然你看好大级别的，就要按大级别的图形来思维，而不用管小级别的事情。如果你不能忍受小级别的波动，就按小级别操作，不能将大小级别搞乱了。